Radelträume
Berlin & Umgebung

CHRISTINE VOLPERT

RADELTRÄUME

BERLIN & UMGEBUNG

20 richtig **schöne Touren**
zum **Entdecken** und **Genießen**

BRUCKMANN

HIER GEHT'S HIN

DIE TOUREN

Strandbad Wannsee

EXTRAS

Brandenburger Tor

Tempelhofer Feld

AUF ZWEI RÄDERN DURCH BERLIN

Auf diesen Radtouren durch Berlin lassen sich Sehenswürdigkeiten und unbekannte Ecken vom Sattel aus erkunden. Das Fahrrad ist dabei nicht nur Fortbewegungsmittel, sondern der Schlüssel, um die verborgenen Schätze der Metropole zu entdecken.

Ich radle schon viele Jahre durch Berlin und bin dabei immer sehr gemütlich unterwegs. Mich interessieren nicht die gefahrenen Kilometer, sondern vielmehr, was ich auf einer Radtour an Neuem erleben kann. Auch als Ur-Berlinerin entdecke ich immer wieder unbekannte Gegenden, Plätze und Parks. Die 20 Touren in diesem Buch laden dich ein, in ruhigem Tempo die Schönheit Berlins zu entdecken, während du dich dabei wunderbar treiben lässt. Zwei Stunden in einem Café oder an einem Badestrand eine Pause einlegen, das ist dabei kein Problem, denn die Touren sind bewusst kurzgehalten. So bleibt noch ausgiebig Zeit für Erkundungen und Pausen. Erlebe Berlin und Umgebung auf gemächliche Art, ganz ohne Stress und in entspanntem Tempo!

Du findest in diesem Buch eine Reihe meiner Lieblingsradtouren. Ich habe schon einige Bezirke meiner Heimatstadt mit dem Fahrrad erkundet. Dabei gefallen mir die kürzeren Strecken am besten. Denn so bleibt ausreichend Zeit, einige Kieze genauer zu erkunden, die Wahrzeichen oder Museen der Stadt zu besuchen oder einfach in einem netten Café eine Pause einzulegen. Die hier aufgeführten Radtouren bieten für jeden Geschmack etwas. Von architektonischen Highlights über Stadtnatur bis hin zu Bademöglichkeiten ist alles dabei.

Vorteile der Großstadt

Neben der schönen Aussicht hat Radfahren in Berlin viele weitere Vorteile: Die Stadt ist sehr flach, sodass für die Touren nicht allzu viel sportlicher Ehrgeiz erforderlich ist. Dazu gibt es zahlreiche Restaurants und Cafés entlang der Routen, daher brauchst du nicht Proviant und Getränke in rauen Mengen mitzunehmen. Ein Picknick auf dem Tempelhofer Feld oder am Müggelsee ist trotzdem eine tolle Idee. Und solltest du doch einmal einen Platten oder eine Panne haben, triffst du in der Stadt häufig auf andere Radler mit Luftpumpe und der nächste Fahrradladen ist meistens auch nicht weit. Zusätzlich zu den Tourenbeschreibungen findest du jeweils Tipps zur Einkehr oder zu Sehenswürdigkeiten entlang der Route.

Berlin zeigt sich in den verschiedenen Bezirken immer wieder anders. Vom mondänen Charlottenburg über das hippe Kreuzberg bis zum grünen Tempelhof – die Stadt präsentiert immer wieder neue Facetten. Und, sie ist ständig im Wandel. Wo gestern noch eine Brache war, wird heute gebaut. Wo gestern noch Kräne standen, steht heute bereits ein

Die Skyline von Berlin

Gebäude. Außerdem trägt die Kreativszene erheblich zur Veränderung des Stadtbilds bei. Ehemalige Bunker werden zu Galerien, Brachflächen werden begrünt und Parkhausdächer zu Open-Air-Bars. Berlin ist zwar eine Großstadt, zugleich aber auch unglaublich grün. Es gibt 2500 öffentliche Parks und innerstädtische Waldgebiete, wie die Königsheide oder den Grunewald. Um diese Vielfalt der Metropole zu erkunden, ist das Fahrrad das ideale Fortbewegungsmittel.

Berlin hat sich in den letzten Jahren zu einer fahrradfreundlicheren Stadt entwickelt. Es stehen 5400 Kilometer Radwege, Schutzstreifen und Radfahrstreifen auf den Berliner Straßen zur Verfügung. Zudem sorgen 34 Fahrradstraßen, auf denen Radfahrer

Ein Weinberg an der Havel

Vorrang haben, für Entlastung. Dennoch sollten Radler im dichten Straßenverkehr und antouristischen Orten stets mit Vorsicht unterwegs sein.

Radeln und genießen

Alle Radtouren sind mit durchschnittlicher Kondition in nur wenigen Stunden zu bewältigen. Viele eignen sich auch für Familien mit Kindern. Es ist für jeden etwas dabei: Ob entspannte Familientour mit Baden am Müggelsee, Touren zu Schlössern oder Radtour von Park zu Park. Die Touren beginnen und enden an einem Bahnhof. Einige sind als Rundtouren angelegt, sodass man auch mit dem Auto anreisen kann. Ich habe darauf geachtet, dass die Strecken sehr aussichtsreich sind und zu interessanten Orten führen, etwa zum Tempelhofer Feld, Schloss Köpenick, nach Alt-Marzahn oder an den Weißen See. Bei populären Routen wie dem Europaradweg R1 oder dem Berliner Mauerweg solltest du dich gerade an warmen Sommerwochenenden auf viele Ausflügler und andere Radfahrer einstellen. Das ist aber auch ein gutes Zeichen – denn auf diesen Strecken gibt es eben sehr viel zu sehen.

Ich fahre sowohl in Berlin als auch im Umland mit meinem herkömmlichen Citybike. Ein Mountainbike oder Trekkingrad ist nicht erforderlich, kann aber selbstverständlich ebenfalls genutzt werden. Ein Rennrad eignet sich nur auf den asphaltierten Wegen in der Innenstadt. Ich persönlich trage einen Fahrradhelm, das kann aber jeder für sich selbst entscheiden. Die Bekleidung ist vom Wetter abhängig und gerade in Berlin kann dieses schnell umschwenken. Daher empfiehlt es sich, immer eine dünne Regenjacke mitzunehmen. Zahlreiche Seen und Flüsse grenzen an die Touren an. Badesachen, Picknickdecke und Handtuch sollten daher in der Fahrradtasche nicht fehlen.

Cafés und Restaurants gibt es in Berlin an jeder Ecke, darunter auch solche für Vegetarier und Veganer. Verhungern muss daher niemand. Nimm aber dennoch ausreichend Wasser oder zuckerarme Getränke mit. Außerdem empfiehlt es sich, eine Luftpumpe, ein Pannenspray und gegebenenfalls Flickzeug mitzunehmen. Dazu können bei Bedarf Sonnencreme, Kamera, Sonnenbrille und Radkarten eingepackt werden.

Apropos Fahrradtasche: Auch wenn ich gerade keine mehrtägige Radtour mache, radle ich immer gern mit einer Fahrradtasche. Man hat den Rücken frei, kann bequem fahren und in die Taschen passt meist mehr als in einen kleinen Rucksack.

Entspannt ankommen

Bei allen Touren können An- und Abreise mit öffentlichen Verkehrsmitteln erfolgen. Das Verkehrsnetz in Berlin ist sehr dicht. Deshalb lässt sich bei Bedarf auch ein anderer Bahnhof ansteuern, der vom eigenen Ausgangspunkt besser zu erreichen ist. Bitte beachte, dass du für die Mitnahme eines Fahrrades einen Fahrschein des Fahrradtarifs benötigst – ausgenommen sind Inhaber von Schülertickets, Geschwisterkarten, Tickets für Auszubildende und Semestertickets. Alle weiteren Informationen findest du unter www.bvg.de.

Die Zeitangaben für die Touren sind nur als Richtlinien zu werten. Abstecher zu Besichtigungen, Einkehr- oder Badestopps wurden nicht berücksichtigt. Wer eine längere Radtour fahren möchte, kann einige Touren in diesem Buch miteinander kombinieren. Nachzulesen ist auch, wie sich einige Touren verlängern lassen. Zusätzlich zu den Karten im Buch kannst du dir die GPX-Dateien auf dein Handy oder Navigationsgerät laden. Weiteres Kartenmaterial kannst du im Buchladen deines Vertrauens erwerben, falls du die Touren verändern oder verlängern möchtest.

Im Folgenden zeige ich dir die schönsten Seiten von Berlin in einer guten Mischung aus touristischen Ecken, weniger bekannten Teilen der Stadt und fast dörflich anmutenden Kiezen.

Und nun viel Spaß beim Radeln!

Berlin Alexanderplatz

Streetart im Haus Schwarzenberg in Mitte

BUREU CRAZY
HEIM
@CRETO.UMS
KUNST
ONE PASSAGE ONE CHANCE
PASSPORT

ÜBER MICH

ICH BIN CHRISTINE, gebürtig aus Berlin und ich liebe Fahrradfahren generell. Und ich liebe diese Stadt – genauso wie ich es liebe, sie mit dem Fahrrad zu erkunden. Auch wenn ich Zeit meines Lebens hier gelebt habe, gibt es noch so viel zu entdecken: entlegene Orte, verfallene Häuser, Parks und allerhand Ungewöhnliches. Daher setze ich mich, so oft es geht, auf mein Fahrrad und fahre einfach los – irgendwohin, wo ich noch nicht war.

Als »normale« Fahrradfahrerin würde ich mich bezeichnen. Ich besitze kein 3000-Euro-Rennrad, repariere keine Fahrräder, bin auch keine »Aggro-Radfahrerin«, die Autofahrer gern in die Schranken weist. Mittlerweile mache ich auch mehrtägige Fahrradtouren. Ich habe ein herkömmliches Cityrad und radle Sommer wie Winter, bei Sonne und Regen. Für mich sind Radtouren Teil meiner Freizeit. Auf meinen Touren kann ich abschalten und mich auf andere Gedanken bringen. Manchmal erlaube ich es mir sogar, einfach einmal an nichts zu denken und die wunderbare Freiheit auf dem Fahrrad zu genießen. Ich unternehme schon länger Radtouren durch Berlin und schreibe seit 2014 auf meinem Blog unterwegsinberlin.de darüber. Ich berichte über Dinge, die ich gesehen habe, und Orte, die ich entdeckte.

Wer vor dem Radeln in Berlin Respekt hat, dem empfehle ich, sonntagvormittags zu starten. Die Straßen sind dann ziemlich leer.

Meine Lieblingstour 1

Auf dem Lübarser Weg radle ich oft, um bequem von Mitte nach Reinickendorf zu kommen. Ich liebe den Kontrast vom quirligen Prenzlauer Berg zum beschaulichen Lübars. Je weiter man radelt, desto ländlicher wird es, und man mag kaum glauben, dass man noch in Berlin ist. Zudem ist die Wegbeschaffenheit fast durchgehend hervorragend. Der Lübarser Weg ist auch ein Paradebeispiel für einen grünen Hauptweg, verläuft doch die Route fast vollständig im Grünen. Ich habe meine Kindheit oft in Lübars verlebt und ich liebe es bis heute, dort zu sein. Der alte Dorfkern mit der Dorfkirche ist so idyllisch und bei Angelina gibt es meiner Meinung nach einfach das beste Eis der Stadt. **(Tour 4)**

DIE HIGHLIGHTS DER TOUR

- Asphaltierter Radweg
- Leckeres Eis bei Angelina
- Alter Dorfkern Lübars
- Buntes Treiben im Mauerpark

Meine Lieblingstour 2

Was gibt es Schöneres, als im Sommer Baden und Radeln miteinander zu kombinieren? Für mich jedenfalls nichts. Daher liebe ich die Radrunde um Straus-, Fänger- und Bötzsee besonders. Der Beginn der Tour ist bequem mit der S-Bahn zu erreichen und ab da kann man sich einfach treiben lassen entlang der Seen. Es gibt immer wieder Buchten, wo man eine Pause einlegen und ins kühle Nass springen kann – dies sind Sommertage nach meinem Geschmack. **(Tour 1)**

DIE HIGHLIGHTS DER TOUR

- Wilde Badestellen
- Picknickdecke und Badesachen einpacken
- Köstliche Kuchen im Tortenduft Café
- Viel Natur

Meine Lieblingstour 3

Ich liebe Streetart, da diese Kunst im öffentlichen Raum die teils grauen Mauern Berlins mit ein bisschen Farbe verschönert. Berlin ist ein wahres Mekka für Streetart-Künstler und -Fans gleichermaßen und es gibt kaum einen Straßenzug, der nicht um ein Mural oder Graffiti bereichert wurde. Auf dieser Radtour radeln wir einige der berühmtesten Murals Berlins ab und kombinieren dies auch gleich mit einer Runde Sightseeing. Berliner können sich dabei fühlen, wie ein Tourist in der eigenen Stadt – etwas, was man eigentlich viel zu selten macht. **(Tour 20)**

DIE HIGHLIGHTS DER TOUR

- »Elefant mit Weltballon«
- Haus Schwarzenberg
- Holzmarkt Biergarten direkt an der Spree
- Urbanität auf dem RAW-Gelände

DAS BESTE DER REGION

Radfahren in Berlin kann ganz wunderbar sein, wenn man weiß, wo man entspannt fahren kann und welche Straßen man am besten meiden sollte. Es gibt ein umfangreiches Radwegenetz mit vielen Einkehrmöglichkeiten.

Schöne Radwege in der Natur

Radwegenetz

Berlin hat sich in den letzten Jahren zu einer fahrradfreundlicheren Stadt entwickelt. Sicherlich gibt es Verbesserungspotenzial, aber verglichen mit anderen Städten in Deutschland steht Berlin sehr gut da. Aktuell gibt es etwa 5400 Kilometer Radwege, Schutzstreifen und Radfahrstreifen auf den Berliner Straßen. Zudem sorgen 34 Fahrradstraßen, auf denen Radfahrer Vorrang haben, für Entlastung. Weitere Radwege sollen gebaut werden.

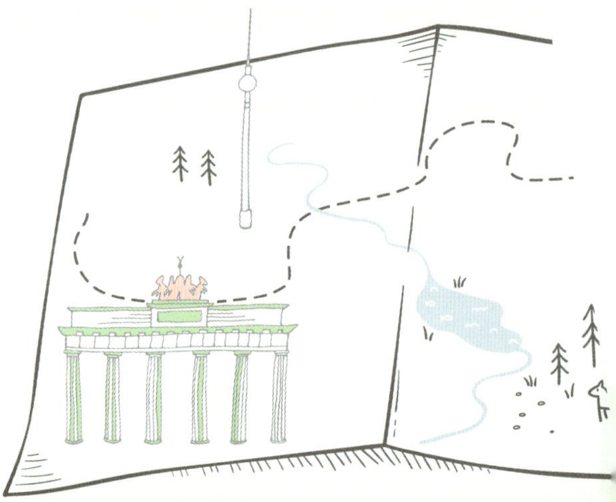

Kulinarisches

Berlin hat ein wahres Potpourri an tollen Cafés und Restaurants zu bieten. Dadurch, dass die meisten der vorgestellten Touren durch die Innenstadt führen, hat man die Qual der Wahl. Auch Vegetariern und Veganern bieten sich unterwegs zahlreiche Optionen. Bei den Routenbeschreibungen in diesem Buch finden sich immer auch Tipps zur Einkehr. Vom urigen Biergarten bis zur kultigen Eisdiele ist alles dabei.

Gutshaus Neukladow

Wasserwege

Berlin ist eine der wasserreichsten Städte Deutschlands. Die Gewässer beruhigen und zeigen Berlin von einer anderen Seite. Drei Flüsse, acht Kanäle und 50 Seen verteilen sich über das gesamte Stadtgebiet. Die Spree mit ihren 35 Kilometern Länge durchzieht die Stadt wie eine Hauptschlagader. Und mit ihren über 1000 Brücken übertrifft sie sogar Venedig. Ganze sieben Prozent des Stadtgebiets von Berlin sind Wasserfläche.

Fischerinsel

TOUREN ZUM TRÄUMEN

Prachtvolle Bauwerke

Berlin blickt zurück auf eine lange Reihe von Königen und Kurfürsten, die ihre Spuren in Form von zahlreichen Schlössern und Gutshäusern hinterlassen haben. (Tour 2)

1

SCHLOSS KÖPENICK

Prachtbau an der Dahme

Genussvolle Pausen

Das Eiscafé Angelina ist über die Grenzen des Dorfes Lübars bekannt und das zu Recht. Die Eiskreationen sind köstlich und die Schlange vor dem Laden ist im Sommer lang. (Tour 4)

2

EISCAFÉ ANGELINA

Waffel oder Becher?

Herrliche Ausblicke

Der Ausblick hoch oben vom Viktoriapark ist einfach traumhaft - vor allem zum Sonnenuntergang. Der steile Aufstieg zum Kreuzberg im Park lohnt sich also! (Tour 17)

5

AUF DEM KREUZBERG

Grandiose Aussicht zum Sonnenuntergang

SAFTIGES FRÜCHTEBROT
MIT ÄPFELN, NÜSSEN UND HONIG

BROTZEIT-TIPP

Wenn ein goldener Herbst- oder trockener Wintertag zu einer Tour verlocken, ist dieses Früchtebrot der perfekte Proviant. Die saftige Mischung aus Gewürzen, Nüssen und Äpfeln schmeckt köstlich und liefert jede Menge Energie.

Zubereitungszeit: 20 Minuten
Ruhezeit: über Nacht
Backzeit: 60 Minuten
Für 1 Kastenform (30 cm)

Zutaten

800 g	Äpfel
200 g	Honig
200 g	Rosinen
200 g	Haselnüsse
2–3 EL	Backkakao
1 TL	Zimt
1 Msp.	Nelke
½ TL	Vanillepulver (optional)
500 g	Mehl (Weizen- oder Dinkelmehl)
1 Pck.	Backpulver

TRANSPORT: Am besten eignen sich Bienenwachstücher oder eine Dose.

VARIANTE: Das Früchtebrot schmeckt auch super, wenn man die Hälfte der Äpfel durch Quitten und/oder Birnen ersetzt. Diese dann ebenfalls schälen und in kleine Stücke schneiden.

Zubereitung

Die Äpfel schälen, in kleine Stücke schneiden und in eine große Schüssel geben. Den Honig, die Rosinen, die Nüsse, den Kakao und Gewürze dazugeben. Alles gut vermengen und über Nacht abgedeckt durchziehen lassen.

Am nächsten Tag den Ofen auf 180 °C Ober-/Unterhitze vorheizen und die restlichen Zutaten unter die Masse geben. Noch mal gut vermengen.

Dann den Teig in eine gefettete und gut gemehlte Kastenform geben. Hinweis: Die Masse ist eher zäh und nicht so geschmeidig wie bei einem Rührkuchen.

Nun 60 Minuten backen. Nach Bedarf: In den letzten 10 Minuten oben mit Alufolie abdecken, damit das Früchtebrot nicht zu dunkel wird.

Auskühlen lassen und pur oder mit Butter bestrichen zur nächsten Tour mitnehmen. Hält sich mind. 1 Woche lang an einem gekühlten Ort.

FÜR EINE PANNENFREIE RADTOUR

FAHRRAD-CHECK

Ob Platten, gerissene Kette oder defektes Licht – nichts ist so ärgerlich wie eine Panne auf der Tour. Um stressfrei in die Pedale zu treten, solltest Du Dein Bike im Vorfeld regelmäßig prüfen. Mit unserer Checkliste geht das einfach und schnell.

1. Reifen

- ○ Luftdruck und Ventile prüfen
- ○ Profil checken
- ○ Nach Rissen schauen

TIPP: Angaben zum zulässigen Luftdruck für Deine Reifen stehen zur Orientierung auf der Seitenwand des Reifens.

2. Laufräder

- ○ Beide Räder auf Achter und Schleifgeräusche checken
- ○ Speichen prüfen

TIPP: Fahrrad in den Montageständer hängen oder auf den Sattel stellen. Laufräder mit den Händen drehen und an den Bremsbacken/-scheiben auf Seiten-/Höhenschlag achten.

3. Sattel

- ○ Sattel und Sattelstütze festmachen

TIPP: Dein Sattel hat dann die richtige Höhe, wenn Du Deine Ferse auf das untere Pedal stellst und Dein Knie dabei leicht gebeugt ist.

4. Kette

- ○ Bei Bedarf säubern (mit trockenem Lappen)
- ○ Bei Bedarf schmieren

TIPP: Schalte die Gänge am Anfang der Fahrt alle einmal durch, um das Schmiermittel überall zu verteilen und die Funktion aller Gänge zu testen.

5. Lenker

- ○ Vorderrad zwischen die Beine nehmen und versuchen, den Lenker zu drehen
- ○ Wenn sich der Lenker verdrehen lässt, nachjustieren

6. Bremsen

- ○ Bremsen testen und bei Bedarf nachjustieren
- ○ Bremsbeläge und -züge auf Verschleiß prüfen

E-BIKE **Die Komponenten sind vergleichbar mit den hier gezeigten, der Elektroantrieb bei allen Typen vom Grundprinzip her gleich.**

7. Licht

- Vorder- und Rücklicht testen
- Bei Akkus und Batterien Ersatz mitnehmen
- Reflektoren prüfen

TIPP: Ältere Bowden- und Bremszüge erneuern, um die Bremswirkung zu verbessern.

8. Steuersatz

- Vorderbremse ziehen und dabei den Lenker leicht vor- und zurückrütteln
- Bei »Spiel« zwischen Rahmen und Gabel nachjustieren

Schrauben

- Ganzes Fahrrad auf lockere Stellen prüfen
- Bei Bedarf nachjustieren

TIPP: Am wichtigsten sind Lenker, Vorbau, Bremsen, Sattel und Pedale. Schrauben eventuell mit »Loctite mittelfest« fixieren.

Ausrüstung on tour

- Helm
- Multitool-Werkzeug
- Flickzeug
- Pumpe
- Ersatzzüge für Bremse und Schaltung
- Hochwertiges Fahrradschloss

TIPP: Mit einem Ersatzschlauch spart man sich das Flicken unterwegs.

Idyllische Badebuchten im Grunewald

1

STRAUSBERGER SEEN

NICHTS WIE RAUS ANS WASSER

Der Sommer in Berlin ist doch immer die schönste Jahreszeit. Da passt es perfekt, wenn man eine Radtour mit einer Runde schwimmen verbinden kann. Entlang der Strausberger Seen kann man wunderbar an einer Vielzahl von Badestellen eine Pause einlegen und ins kühle Nass springen. Wir radeln vorbei am Straus-, Fänger- und Bötzsee durch die malerische Landschaft des Landkreises Oberbarnim. Dazwischen gibt es viel Natur und tolle Einkehrmöglichkeiten. Am schönsten ist es jedoch, sich im »Jannys Eis« an der Großen Straße in Strausberg einen Eisbecher mitzunehmen und diesen an der Seeterrasse zu essen. Den herrlichen Blick auf den See gibt es als Streusel obendrauf. Mit ihren historischen Gebäuden, kleinen Dörfern und Museen hat die Region um die Strausberger Seen aber auch kulturell einiges zu bieten.

1

KM 5

TRAUMAUSBLICK

Entlang der Straussee-Promenade

2

KM 7

STRAUSSEEFÄHRE

Einzigartige Personenseilfähre

3

KM 8

STRAUSBERG

Idyllischer Ort mit historischem Marktplatz

Vom Viktoria-Plateau hat man eine schöne Sicht auf den See und die Reste der historischen Stadtmauer von Strausberg.

Die Seenlandschaft um Strausberg ist einfach traumhaft.

4

KM 9

BADESPASS

Schöne Liegewiesen laden zum Baden ein.

5

KM 14

FÄNGERSEE

Ein Paradies für Angler

6

KM 16

BÖTZSEE

Beliebter Badesee mit kaltem klarem Wasser

Die Ausblicke auf die Seen werden auf dieser Tour nie alt.

KM 5

Start ist der Bahnhof Strausberg. Über die Bahnhofstraße radeln wir über den Busbahnhof und dann rechts auf die Rudolph-Engelhofer-Straße. Wir fahren immer geradeaus. Die Straße wird später zur Lindenpromenade und zur Gustav-Kurtze-Promenade. Wir fahren bis zum Ende, dann biegen wir rechts ab und wechseln links auf den Radweg entlang der Ernst-Thälmann-Straße. An der Max-Liebermann-Straße fahren wir links und an der Fontanestraße erneut links zur Strausseepromenade.

Tolle Aussicht vom Viktoria-Plateau

1 **Mit einer Fläche** von etwa vier Quadratmetern und einer maximalen Tiefe von etwa sieben Metern erstreckt sich der Straussee über ein reizvolles Gebiet, das von Wäldern, Wiesen und kleinen Siedlungen umgeben ist. Die klaren Gewässer des Sees

TRAUMHAFT

BADE-PARADIES

An den vielen Buchten am Straussee kann man immer mal wieder eine Sattelpause einlegen und eine Runde schwimmen gehen – herrlicher Blick und manchmal sogar Sandstrand inklusive.

laden zu vielfältigen Freizeitaktivitäten ein, von entspannten Bootstouren bis hin zu erfrischenden Schwimmabenteuern. Einmal um den See herum führt ein malerischer Rundweg. Was am Straussee besonders schön ist, sind die vielen kleinen Buchten am Ufer, die zum Baden einladen. Einer meiner absoluten Lieblingsseen in Berlins Umgebung. Die zahlreichen Bäume bieten zudem viel Schatten. Die ruhigen Gewässer und die umgebende Natur schaffen eine idyllische Kulisse für Outdoor-Aktivitäten aller Art wie Segeln, Paddeln oder Angeln. Besonders schön ist auch die historische Seebadeanstalt von 1925 direkt am Straussee. Sie bietet eine große Liegewiese mit Sandstrand, Kinderrutsche, Sprungturm und Fünf-Meter-Rutsche.

StrausseeFähre

KM 7

Wir radeln bis zum Ende der Promenade.

2 **Die StrausseeFähre** ist Europas einzige elektrisch betriebene Personenseilfähre. Sie verbindet das Stadtzentrum mit dem malerischen Waldgebiet »Jenseits des Sees«. Die Fähre bezieht ihren Antrieb über eine Oberleitung, was sie zu einem technischen Denkmal macht. Die 350 Meter lange Überfahrt dauert etwa sieben Minuten und bis zu 100 Passagiere können den unvergleichlichen Blick auf die Strausberger Altstadt sowie den See genießen. Im Sommer legt sie etwa alle 30 Minuten ab. Fahrräder können mitgenommen werden. Wer mag, kann hier also eine kleine Abkürzung einlegen. Für den erschöpften Radler hält der Fährmann einen Kaffee und im Winter sogar Glühwein bereit.

Uferweg am Straussee

Im Tortenduft Café ist der Name Programm. Bei Kaffee und handgemachtem Kuchen kann man hier wunderbar draußen sitzen.

Altstadt Strausberg

KM 7

Wir biegen bei der Stadtmauer rechts ab. Danach fahren wir links und schwenken gleich wieder links in die bezaubernde Georg-Kurtze-Straße ein.

3 Die über 750 Jahre alte Stadt Strausberg mit dem schönen terrassenförmig angelegten Marktplatz ist immer einen Besuch wert. Der Märkische Platz gilt als einer der schönsten Plätze Brandenburgs und wartet mit dem historischen Wasserturm sowie einem Ensemble von restaurierten Bürgerhäusern auf. Der Platz wird oft für lokale Veranstaltungen, Märkte und Festivals genutzt. Unweit vom Marktplatz befindet sich die schöne Marienkirche, eine der wenigen Feldsteinkirchen Brandenburgs. Über die Geschichte der Stadt können sich Interessierte im Heimatmuseum, August-Bebel-Straße 33, informieren. Strausberg ist auch ein beliebtes Ziel für Naturfreunde, Wanderer und Radfahrer. Der Märkische Landweg und der Mühlenweg bieten ausgezeichnete Möglichkeiten, die umliegende Landschaft zu erkunden.

Viele Buchten entlang der Seen laden zum Baden ein.

Idylle am Fängersee

KM 9

Wir fahren bis zum Ende der Straße und dann zweimal links, um auf die Badstraße einzuschwenken. Am Ufer gibt es hier einige größere Liegewiesen.

4 Entlang der Badstraße in Strausberg gibt es einige schöne Liegewiesen. Die umliegenden Bäume spenden wunderbar Schatten an heißen Sommertagen und der Ausblick auf den See ist traumhaft. Nun heißt es: Picknickdecke ausgepackt und rein ins kühle Nass. Kinder buddeln im Sand, Oma und Opa entspannen auf den mitgebrachten Klappstühlen und wenn dann noch die Sonne scheint, fehlt nicht viel zum Glücklichsein. Proviant sollte mitgebracht werden, da es hier keinen Kiosk oder ähnliches gibt.

KM 14

Die Radtour führt nun weiter zum Fänger- und Bötzsee. Dazu folgen wir dem Uferweg und fahren am Ende der Strausseepromenade linker Hand weiter. Am Kreisverkehr radeln wir links vorbei und an der Wesendahler Straße biegen wir rechts ab. Wir kommen durch ein schönes Waldstück und fahren nach etwa 2,5 Kilometern links zum Fängersee.

5 Der Fängersee ist 45 Hektar groß und acht Meter tief. Er ist ein wahres Paradies für Angler, denn hier können Fische wie Barsch, Karpfen oder Schlei geangelt werden. Um den Fängersee führt ein Rad- und Wanderweg durch ein wunderschönes Waldgebiet. Es gibt auch hier immer wieder kleine Badebuchten, die zu Picknick oder Badepause einladen.

Sommer wie Winter eine traumhafte Kulisse

> Die Seenlandschaft rund um Strausberg ist traumhaft und lädt gerade im Sommer zu schönen Fahrradtouren mit Bademöglichkeiten.

KM 16

Wir folgen dem malerischen Uferweg entlang des Fängersees. Die Ausblicke auf den See sind grandios. Es geht an Spitzmühle vorbei und geradewegs weiter zum Bötzsee. Auch hier führt ein schöner Weg direkt am Ufer entlang.

6 **Der Bötzsee** besticht durch sein unglaublich klares Wasser und lockt daher gerade im Sommer viele Ausflügler, Badegäste und Wassersportler an. Mit einer Fläche von etwa 130 Hektar ist der Bötzsee ein relativ kleiner, aber dennoch malerischer See. Durch die dichte Bewaldung entlang des Ufers gibt es viel Schatten – sehr zur Freude der Badegäste und Radfahrer. Ein Rundweg führt einmal um den See herum, der auch im Winter eine absolute Empfehlung ist. Hier gibt es ebenfalls häufig wilde Badestellen, die zu Picknick oder Baden einladen. Für FKK-Freunde gibt es eine separate Badestelle entlang der Route. Auf der anderen Seite des Sees nahe des Seeschloss Hotels gibt es auch das Strandbad Bötzsee mit schönem Sandstrand, Sprungturm, abgetrenntem Nichtschwimmerbereich und Einkehrmöglichkeiten im Hotel.

Auf dem Rückweg fahren wir über die Altlandsberger Chaussee hinweg auf den Postbruchweg. Wir radeln bis zu seinem Ende, dann biegen wir links und gleich wieder rechts ab. An der Bötzseestraße biegen wir links ein und radeln bis zur Landhausstraße. Dort fahren wir links und die nächste Straße rechts. Wir radeln nun immer geradeaus zurück zum Bahnhof Strausberg.

AUF EINEN BLICK

21 km

100 Hm

2:00 h

leicht

Ausgangs-/Endpunkt Bahnhof Strausberg

Anfahrt Auto: Über die A10 oder die B1/B5 von Berlin nach Strausberg; Bahn / Bus: S5 nach S-Bahnhof Strausberg

Wegbeschaffenheit Mischung aus asphaltierten und unbefestigten Wegen. Auch für Familien geeignet

2

SCHLÖSSER-TOUR

AUF DEN SPUREN DER KÖNIGE

Berlin blickt auf eine lange Reihe von Königen und Kurfürsten zurück, die ihre Spuren in Form von Schlössern und Gutshäusern für die Ewigkeit hinterlassen haben. Diese Radtour führt vorbei an bekannten Schlössern wie dem neuen Stadtschloss oder dem Schloss Charlottenburg, aber auch an vielleicht weniger bekannten Fürstenhäusern wie dem Schloss Biesdorf. Die Tour von Schloss zu Schloss lässt nicht nur die vielfältige Geschichte Berlins lebendig werden, sondern vermittelt auch einen Eindruck von der kulturellen Vielfalt der Stadt. Wir radeln durch verschiedene Bezirke und Berlin lässt sich dabei vielleicht noch einmal ganz neu entdecken. Architekturfans kommen ebenfalls voll auf ihre Kosten. Von Renaissance über neugotisch bis barock – diese Tour ist eine Zeitreise durch die prächtigen Epochen Berlins, und das ganz bequem vom Sattel aus. Einige kann man auch besichtigen, daher plane vielleicht etwas mehr Zeit ein.

1

KM 0

SCHLOSS KÖPENICK

Prachtbau direkt an der Dahme

2

KM 3

WUHLETALWEG

Abwechslungsreicher Radweg mit viel Natur

3

KM 9

SCHLOSS BIESDORF

Ein wahres architektonisches Kleinod

märchenschloss Charlottenburg

KM 12

SCHLOSS FRIEDRICHSFELDE

Das Charlottenburg von Ost-Berlin

KM 21

STADTSCHLOSS

New kid in town

KM 29

CHARLOTTENBURG

Glanzvolles Märchenschloss mitten in Berlin

Das neue Stadtschloss an der Spree

KM 0

Start der Radtour ist das schöne Schloss Köpenick auf einer Insel in der Dahme. Ein Rundgang über die Schlossinsel lohnt sich.

Schloss Köpenick

1 **Schloss Köpenick**, majestätisch an den Ufern der Dahme in Berlin gelegen, erhebt sich wie ein zeitloses Wahrzeichen der Stadt. Dieses prachtvolle Schloss, erbaut im 17. Jahrhundert unter der Herrschaft des Kurfürsten Friedrich Wilhelm, beeindruckt mit seiner sehenswerten Renaissance-Architektur und dem schön angelegten Schlossgarten. Besucher können aufwendig gestaltete Räume, kunstvolle Deckengemälde und kostbare Möbel bewundern. Öffnungszeiten: Di–So, 11–18 Uhr. Das Schlosscafé lädt sonntags zum Brunch ein.

TRAUMHAFT

SCHLOSS BIESDORF

Unter den in Berlin noch erhaltenen Schlössern, Herrenhäusern und Palais ist das im Jahr 1868 im spätklassizistischen Stil erbaute Schloss Biesdorf ein wahres Kleinod.

KM 3

Von der Schlossinsel radeln wir hinunter und über die Müggelheimer Straße hinweg. Dahinter halten wir uns gleich links und gelangen zur Uferpromenade entlang der Dahme. Dort biegen wir rechts ab, fahren bis zum Ende und dann rechts hinauf. An der Straße Alt-Köpenick schwenken wir nach links, radeln geradeaus und an der Bahnhofstraße nach rechts. An der Ecke Annenallee biegen wir links ab und nehmen die nächste Straße nach rechts. Wir fahren bis zu ihrem Ende, dann links und wechseln anschließend rechts auf die Hämmerlingstraße. An der Mozartstraße biegen wir rechts ab zur Wuhle. Hinter der Brücke biegen wir links ein und radeln auf den Wuhletalweg.

Auf dem Wuhletalweg

2 **Von der Quelle** in Ahrensfelde führt der Wuhletalweg auf 16 Kilometern größtenteils immer entlang des kleinen Flusses vorbei an Marzahn, Hellersdorf, Kaulsdorf und Biesdorf bis zur Mündung in Köpenick. In den letzten Jahren wurde hier viel gebaut und große Teile der Wege sind asphaltiert oder betoniert. Es radelt sich also ganz wunderbar, zudem gibt es Spielplätze und Picknickbänke für eine Sattelpause. Noch bis in die 1980er-Jahre wurde die Wuhle hauptsächlich als Abwasserkanal genutzt. Heute ist sie ein sauberer Bach, in und an dem sich kleine Fische, Insekten und Vogelarten tummeln. Der Wuhletalweg verläuft mal rechts, mal links entlang der Wuhle und zeigt, wie erstaunlich grün es in Marzahn-Hellersdorf sein kann.

Alstadt Köpenick

In der Eisbar Friederici in Köpenick gibt es leckeres Eis, das man am besten an der Promenade an der Dahme verputzt.

KM 9

Es geht nun ein ganzes Stück entlang der Wuhle. Zweimal müssen wir die Uferseite wechseln, aber wir können der Beschilderung des Wuhletalweges folgen. An der Heerstraße verlassen wir den Wuhletalweg nach links und fahren dann rechts auf die Köpenicker Straße. An der Kreuzung Alt-Biesdorf schwenken wir nach links ein und wenden uns am Ende des Parkes nach rechts zum Schloss Biesdorf.

3 **Das Schloss Biesdorf** ist ein wahres Kleinod in der Berliner Denkmallandschaft. Im Auftrag des Freiherren von Rüxleben entstand das Anwesen 1867/1868 im Stil einer spätklassizistischen Villa samt vier Hektar großem Park in Biesdorf. Im Laufe der Zeit hat das Schloss eine wechselvolle Geschichte erlebt. Der Industrielle Werner von Siemens zog hier ein, danach diente es als Polizeidienststelle und im Zweiten Weltkrieg einer Ortsgruppe der NSDAP. In den 1950er-Jahren entwickelte sich das Schloss Biesdorf zu einer beliebten Freizeitstätte. Nach langer Restaurierung erstrahlt es nun wieder in neuem Glanz. In historischem Ambiente kann man im Café Schloss Biesdorf leckere, selbstgebackene Kuchen und köstliche Kaffeespezialitäten genießen. Der angrenzende Schlosspark ist ideal für einen Spaziergang zu allen Jahreszeiten.

KM 12

Zurück auf der Straße Alt-Biesdorf geht es nach rechts und dann radeln wir Richtung Alexanderplatz. Wer mag, kann an der Kreuzung zur Straße am Tierpark links schwenken zum Tierpark samt Schloss Friedrichsfelde.

Ein wahres Kleinod: Das Schloss Biesdorf

Alte und neue Architektur am Stadtschloss

4 **Das Schloss Friedrichsfelde**, eingebettet im idyllischen Tierpark Berlin, ist eine historische Perle und wird auch als das Schloss Charlottenburg von Ost-Berlin bezeichnet. Das Schloss wurde im 17. Jahrhundert ursprünglich als Jagdschloss erbaut und diente im Laufe der Zeit verschiedenen Zwecken. Heute erstrahlt das Schloss in seiner restaurierten Pracht und beherbergt das Schlossmuseum, das einen faszinierenden Einblick in die Geschichte des Anwesens und seiner einstigen Bewohner bietet.

KM 21

Wir radeln weiter Richtung Alexanderplatz. Hinter dem Ring Center biegen wir rechts auf die Pettenkofer Straße ab und dann gleich links auf die traumhafte Fahrradstraße der Rigaer Straße. Am Bersarin Platz nehmen wir die dritte Ausfahrt auf den Weidenweg. Wir fahren bis zu dessen Ende, dann links und wieder rechts auf die Karl-Marx-Allee. Vor dem Alexanderplatz biegen wir links ab und vor der Bahntrasse rechts auf den Fahrradweg. Wir radeln links unter der Bahntrasse hindurch, hinter dem Roten Rathaus schwenken wir nach rechts ein und dann links auf die Straße Unter den Linden.

5 **Das neu errichtete Stadtschloss**, auch bekannt als Humboldt Forum, ist eine architektonische Meisterleistung im Herzen Berlins. Man kann von diesem Bau halten, was man möchte, aber es sieht schon beeindruckend aus. Mir gefällt der Kontrast zu der modernen Fassade an der Spree. Das imposante Bauwerk wurde an historischer Stelle wiederaufgebaut und beherbergt unter anderem das Ethnologische Museum, das Museum für Asiatische Kunst und die Stiftung Preußischer Kulturbesitz. Der ursprüngliche Bau war über Jahrhunderte Residenz der Hohenzollern, der preußischen Könige und deutschen Kaiser. Im Zweiten Weltkrieg wurde es stark beschädigt und schließlich abgerissen. In den 1970er-Jahren entstand an dieser Stelle der Palast der Republik, der wiederum 2007 abgerissen wurde. Im Jahr 2021 öffnete das Stadtschloss an historischer Stelle erstmals wieder seine Tore.

Im Tiergarten radelt es sich ganz wunderbar

Der Flohmarkt am S-Bahnhof Tiergarten ist der größte Berlins. Schnäppchenjäger kommen hier sonntags auf ihre Kosten.

KM 29

Es geht weiter auf der Straße Unter den Linden vorbei am Brandenburger Tor und am Sowjetischen Ehrenmal. Dahinter fahren wir rechts auf die Yitzak-Rabin-Straße und dann links in den Tiergarten hinein. Wir radeln immer geradeaus bis zur Siegessäule. Hier nehmen wir die dritte Ausfahrt und radeln hinter dem Tunneleingang rechts erneut in den Park hinein. Wir fahren bis zu dessen Ende und danach noch ein Stück auf der Straße des 17. Juni. Nach der Brücke wechseln wir rechts auf den Uferweg entlang des Landwehrkanals. Wir fahren nun immer geradeaus bis zum Schloss Charlottenburg.

6 **Das Schloss Charlottenburg** ist ein wahres Märchenschloss mitten in Berlin. Nach den Wünschen von Sophie Charlotte von Hannover errichtet, wurde es 1699 eingeweiht und in den Folgejahren immer wieder um- und ausgebaut. Nach dem Tod von Sophie Charlotte nannte ihr Gemahl, König Friedrich I., die angrenzende Siedlung und das Schloss selbst ihr zu Ehren »Charlottenburg«. Der Schlossgarten mit Karpfenteich ist malerisch und besonders im Herbst, wenn sich die Blätter so schön bunt färben, beliebt bei Ausflüglern. Zu empfehlen ist es, hier vom Fahrrad abzusteigen und durch den Park und entlang des Landwehrkanals zu spazieren. Im Café Kleine Orangerie kann man eine Pause einlegen.

Über den Spandauer Damm radeln wir zum Bahnhof Westend, wo die Tour endet.

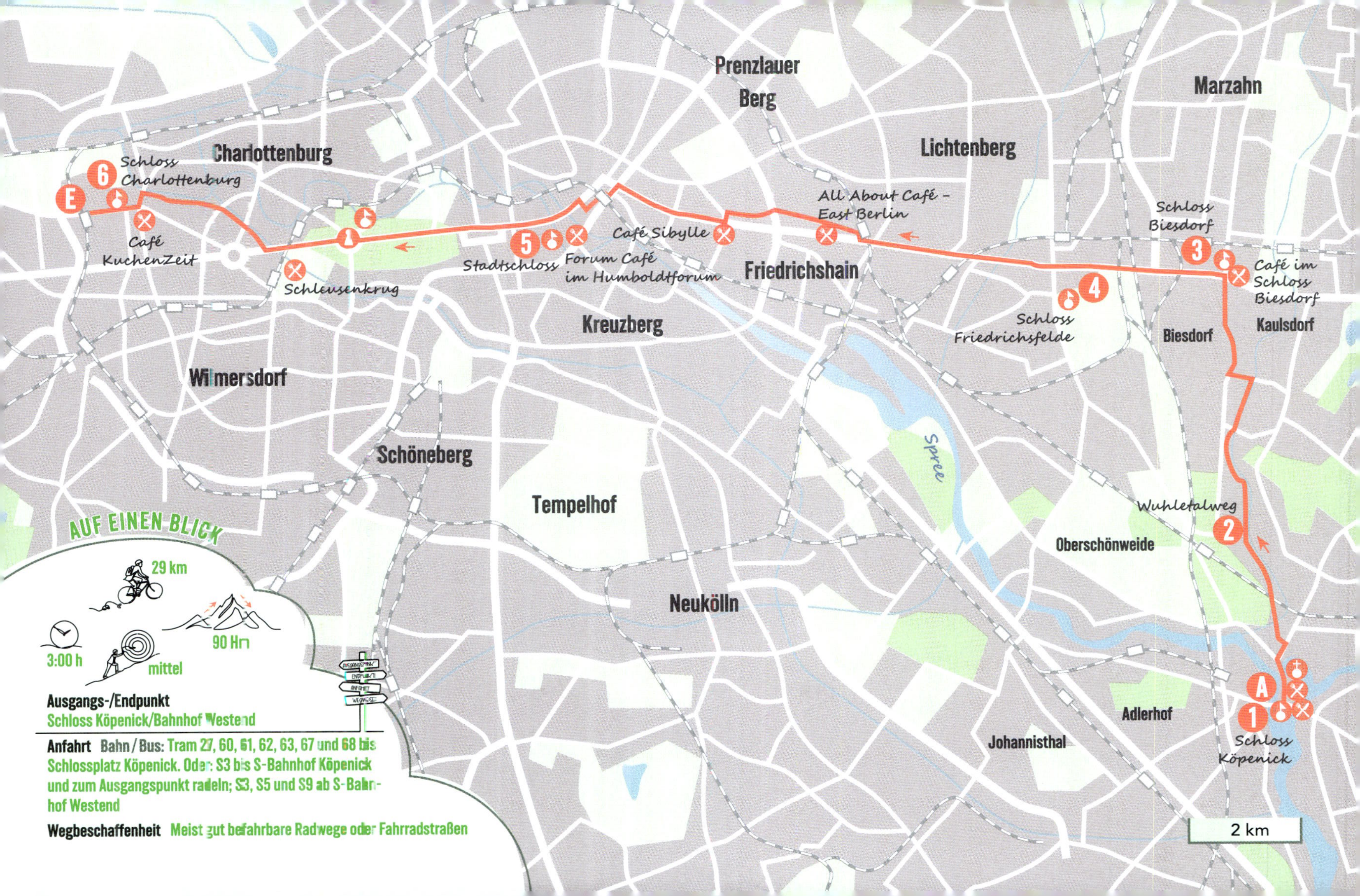

AUF EINEN BLICK

29 km

3:00 h

mittel

90 Hm

Ausgangs-/Endpunkt Schloss Köpenick/Bahnhof Westend

Anfahrt Bahn/Bus: Tram 27, 60, 61, 62, 63, 67 und 68 bis Schlossplatz Köpenick. Oder: S3 bis S-Bahnhof Köpenick und zum Ausgangspunkt radeln; S3, S5 und S9 ab S-Bahnhof Westend

Wegbeschaffenheit Meist gut befahrbare Radwege oder Fahrradstraßen

3

DAHMERADWEG

TRAUMHAFTE TOUR AM WASSER

Der Dahmeradweg ist 123 Kilometer lang und orientiert sich am Verlauf des namensgebenden Flusses, der Dahme. Er beginnt in Berlin-Köpenick, wo die Dahme in die Spree mündet. Im weiteren Verlauf durchquert er den Naturpark Dahme-Heideseen, das Golßener Land sowie den Spreewald und endet schließlich bei Kolpien, unweit der Quelle des Flusses. Der Dahmeradweg lässt sich in zwei oder drei Tagen absolvieren, Ambitionierte schaffen das jedoch auch an einem Tag. Unterwegs gibt es unterschiedliche Übernachtungsmöglichkeiten sowie Restaurants, Imbisse und Radservicestationen. Auch einige Wassermühlen sind zu bewundern. Diese gut ausgeschilderte Tour ist ideal für einen Kurzurlaub ab Berlin, sie verläuft überwiegend auf Radwegen und ruhigen Nebenstraßen. Die erste gemütliche Etappe führt von Köpenick nach Königs Wusterhausen durch eine sanfte Hügellandschaft in Brandenburg.

1

KM 2

ALTSTADT KÖPENICK

Kleine Gassen und gemütliche Cafés

2

KM 3

KIETZ-STRASSE

Zauberhafte Altbauten und Kopfsteinpflaster

3

KM 6

FÄHRFAHRT

Einmal mit dem Rad über die Dahme

Immer entlang der Dahme

4

KM 9

BADESPASS

Schwimmen im historischen Strandbad Grünau

5

KM 15

SCHMÖCKWITZ

Beschaulich schönes Dorfidyll am Flussufer

6

KM 30

KÖNIGS WUSTERHAUSEN

Stadtspaziergang als krönender Abschluss

Historische Straßenbahn in Grünau

KM 2

Die Radtour beginnt am S-Bahnhof Köpenick und führt entlang der Bahnhofstraße nach Süden. Wir fahren bis zu deren Ende und dann links Richtung Altstadt Köpenick.

1 **Die Altstadt Köpenicks** ist ein ganz bezauberndes Viertel. Das Wahrzeichen ist zweifellos das imposante Schloss Köpenick, das majestätisch auf einer Insel in der Dahme thront. Dieses Schloss, das im 17. Jahrhundert erbaut wurde, beeindruckt durch seine barocke Architektur und den angrenzenden Schlosspark. Die schmalen kopfsteingepflasterten Gassen der Altstadt Köpenick laden zu einem gemütlichen Spaziergang ein. Hier reihen sich historische Gebäude, liebevoll restaurierte Fachwerkhäuser und charmante Cafés aneinander. Die Atmosphäre ist geprägt von einem harmonischen Mix aus Geschichte und modernem Leben. Ich persönlich liebe es, mich mit einem Eis oder Coffee to go an die Uferpromenade zu setzen und das Treiben auf dem Wasser zu beobachten.

TRAUMHAFT

NATURNAH RADELN

Der Dahmeradweg ist wahrlich ein Genuss und gerade auf der Strecke hinter dem Strandbad Grünau ist es Dank des asphaltierten Weges und der traumhaften Natur besonders idyllisch.

Alte Fischerhäuser im Kietz in Köpenick

KM 3

Wir radeln auf der Straße Alt-Köpenick einmal durch die schöne Altstadt und am Ende links auf die Müggelheimer Straße. Gleich hinter der Brücke biegen wir rechts auf die Straße namens Kietz ab.

2 In der Kietz-Straße in Berlin-Köpenick mag man kaum glauben, dass man noch in Berlin ist. Die zauberhaften Altbauten zusammen mit dem Kopfsteinpflaster wirken wie aus der Zeit gefallen. Geprägt von historischem Flair und einer belebten Atmosphäre erzählt diese Straße eine Geschichte, die Jahrhunderte zurückreicht. Hier kann man über 200 Jahre alte Fischerhäuser bestaunen, weswegen die Gegend um die Straße mit dem Namen Kietz auch als Fischerkietz bezeichnet wird. Daneben reihen sich Häuser aus der Gründerzeit sowie zahlreiche kleine aufwendig restaurierte Gebäude. Schmale Wege führen hinunter zur Dahme, wo wir von einer Bank aus einen zauberhaften Blick auf die Schlossinsel haben.

KM 6

Wir fahren immer geradeaus und dann weiter auf der Gartenstraße. Ab hier radeln wir schon an der Dahme entlang. Ab und zu können wir einen Blick auf den Fluss erhaschen. Wir radeln bis zum Ende der Straße und schwenken daraufhin nach rechts auf die Wendenschlossstraße. Wir gelangen in ein idyllisches Viertel mit hohen Bäumen und Einfamilienhäusern. An der Müggelbergallee folgen wir der Beschilderung des Dahmeradweges und biegen rechts ab zur Fähre.

3 Auf dieser einmaligen Tour am Wasser kommt man sogar in den Genuss, mit einer Fähre zu fahren. Die Fähre F12 der BVG verbindet die Wendenschlossstraße in Berlin-Köpenick mit der Wassersportallee in Grünau. Sie fährt ca. alle 10 bis 20 Minuten, das BVG-Abo kann hierfür genutzt werden. Tickets gibt es auch an Bord. Für Räder ist genügend Platz vorhanden.

Campingplatz Krossiner See

Auf dem Campingplatz Krossiner See kann man eine Pause einlegen und im Restaurant am Ufer die Aussicht genießen.

Strandbad Grünau

KM 9

Vom Fähranleger radeln wir geradeaus und dann links auf die Regattastraße. Wir kommen an der historischen Regattatribüne vorbei, die anlässlich der Olympischen Spiele 1936 errichtet wurde. Hier führt ein traumhafter Radweg durch die Natur. Links liegt die Dahme, rechts fährt die historische Straßenbahn.

4 **Das Strandbad Grünau** wurde 1908 als erstes Familienbad in Berlin eröffnet. Diese idyllische Anlage direkt an der Dahme markierte den Beginn der Ära von Berlins Freibädern und bot eine sichere und angenehme Möglichkeit für erfrischende Abkühlung an heißen Sommertagen. Durch eine umfassende Modernisierung erstrahlt das Wald- und Strandbad Grünau heute in neuem Glanz und ist beliebt bei Anwohnern und Ausflüglern gleichermaßen. Spielplatz, Volleyballfelder, Strandbar sowie Indoor-Kletterhalle versprechen einen abwechslungsreichen Badetag. Im Winter kann man Schlittschuh laufen und Eisstock schießen. Wer hier eine Pause einlegen möchte, sollte Badesachen und Picknickdecke unbedingt einpacken.

Der Dahmeradweg ist fast ausschließlich asphaltiert.

Schöne Architektur in Schmöckwitz

KM 15

Wir radeln immer geradeaus durch ein Waldgebiet und bis Karolinenhof. Am Karolinenhofweg biegen wir links ab und gleich danach schwenken wir nach rechts. Wir folgen dem Straßenverlauf bis zum Sielower Weg. Dort fahren wir rechts und an der Vetschauer Allee links. Am Adlergestell biegen wir dann gleich wieder links ein und radeln bis nach Schmöckwitz.

5 **Schmöckwitz**, ein beschaulicher Ortsteil im Berliner Bezirk Treptow-Köpenick, besticht durch sein charmantes ländliches Ambiente und seine malerische Lage an den Ufern der Dahme. Die Geschichte von Schmöckwitz reicht bis ins 13. Jahrhundert zurück, und die Spuren vergangener Zeiten sind in den liebevoll gepflegten Gebäuden und der umgebenden Natur deutlich erkennbar. Die Architektur in Schmöckwitz zeichnet sich vor allem durch traditionelle Bauernhäuser und Villen aus. Die kleinen Straßen laden zu Spaziergängen ein – sie führen vorbei an blühenden Gärten und kleinen Geschäften, die regionale Produkte anbieten. Im Restaurant Strandlust kann man zünftig speisen. Den Seeblick gibt es dazu.

Schloss Königs Wusterhausen

> Das schöne Schloss Königs Wusterhausen bildet den krönenden Abschluss dieser Radtour.

KM 30

Wir fahren nun immer geradeaus bis nach Wernsdorf. Dort biegen wir rechts ab auf die Niederlehmer Chaussee. Von hier führt der Radweg ebenfalls immer weiter geradeaus. Am Dorfanger Niederlehme halten wir uns rechts und radeln vorbei an schönen alten Häusern. Dann fahren wir links auf die Kirchstraße und dann wieder rechts auf die Karl-Marx-Straße. An der Tiergartenstraße biegen wir rechts ab zur alten Schleuse. Am besten ist es, hier vom Fahrrad abzusteigen, da es keinen Radweg gibt. Am Kirchsteig biegen wir rechts ab.

6 **Königs Wusterhausen**, gelegen im Südosten von Berlin im idyllischen Landkreis Dahme-Spreewald, ist eine Stadt mit einer reichen Geschichte und einem ganz eigenen Charme. Ein Spaziergang durch die kleinen Straßen und Gassen lohnt sich. Dienstags und freitags findet der Wochenmarkt in der Bahnhofstraße und um den Brunnenplatz statt. Er bietet Obst und Gemüse sowie regionale Produkte. Ein tolles Ausflugsziel ist das imposante Schloss Königs Wusterhausen, das im 16. Jahrhundert erbaut wurde. Wer möchte, kann hier die Radtour verlängern und am malerischen Nottekanal bis nach Mittenwale entlangradeln.

Wir jedoch fahren immer geradeaus bis zum Bahnhof Königs Wusterhausen. Ambitionierte E-Biker können die Route ebenfalls verlängern und der Beschilderung des Dahme-Radweges weiter folgen, zum Beispiel bis Pieros. Alternativ gibt es entlang des Radweges Verknüpfungen zum Europa-Radweg R1 sowie zum Flaeming-Skate.

AUF EINEN BLICK

30 km

100 Hm

3:00 h

leicht

Ausgangs-/Endpunkt Bahnhof Köpenick/Bahnhof Königs Wusterhausen

Anfahrt Bahn / Bus: S3 nach S-Bahnhof Köpenick; S46, Regional und Fernverkehr von Bahnhof Königs Wusterhausen

Wegbeschaffenheit Asphaltierte und unbefestigte Wege. Gut beschildert mit dem Logo des Dahme-Radweges. Für Familien geeignet

4

AUF DEM LÜBARSER WEG

VON PRENZLBERG INS GRÜNE

Die Senatsverwaltung für Umwelt, Verkehr und Klimaschutz hat zusammen mit den Vereinen BUND Berlin und FUSS Berlin 20 grüne Hauptwege seit 2004 ins Leben gerufen. Diese Wege laden zum Flanieren, Spazierengehen, Erledigen von Besorgungen oder eben zum Fahrradfahren ein – weitgehend ohne Gefährdung durch den Autoverkehr. Das Streckennetz der grünen Hauptwege nutzt dabei stets die Parks und naturnahen Gebiete Berlins. Entstanden ist ein Streckennetz von 565 Kilometern. Der Lübarser Weg ist ein Paradebeispiel für einen solchen Hauptweg, verläuft doch die Route fast vollständig im Grünen. Er ist Teil des sogenannten Grünen Bandes Berlin, das auf dem Berliner Mauerweg basiert, der unter Landschaftsschutz gestellt wurde. Der Weg verläuft vom quirligen Prenzlauer Berg bis zum Naherholungsgebiet Berliner Barnim. Am Ende gelangt man ins beschauliche Lübars mit altem Dorfkern.

1

KM 1

SONNTAGSKARAOKE

Show-Bühne für alle

2

KM 2

KIRSCHBLÜTENALLEE

Blütenpracht im Frühling

3

KM 4

BÜRGERPARK

Pause in grüner Oase

„Im Café Rosengarten mitten im Bürgerpark Pankow kann man es sich bei Kaltgetränken und Kuchen gut gehen lassen."

Zünftig einkehren im Café Rosengarten

4

KM 6

DAS »GRÜNE BAND«

Radweg mit Geschichte

5

KM 10

LÄNDLICHES IDYLL TEIL 1

Alter Dorfanger Rosenthal

6

KM 14

LÄNDLICHES IDYLL TEIL 2

Im Dorfkern von Lübars

Historischer Fernsprecher in Alt-Lübars

KM 1

Wir starten am Mauerpark in Berlin-Prenzlauer Berg. Von der Eberswalder Straße führt rechter Hand ein betonierter Rad- und Fußweg in den Park hinein.

Sonntags-Karaoke im Mauerpark

1 Das Sonntagskaraoke im Mauerpark, veranstaltet von Joe Hatchiban, ist zu einer Berliner Institution geworden. Zwar ist es kein Geheimtipp mehr, aber dennoch ein Erlebnis, wenn sich hier jeden Sonntag mehr als 1000 Menschen zum Karaoke einfinden. Daneben treffen sich Berliner und Touristen gleichermaßen zum Flohmarkt am Sonntag, Grillen, Picknicken oder Tischtennisspielen. Eine Pause zum Leute-Beobachten lohnt sich in dieser Grünanlage. Radfahrer sollten hier an schönen Sommertagen lieber absteigen, da sich viele Anwohner, Ausflügler und Touristen im Park tummeln.

TRAUMHAFT

GRÜNER RADWEG

Der Rad- und Wanderweg »Grünes Band« folgt dem Berliner Mauerweg und ist fast durchgehend asphaltiert. Ein Traum für Radler.

KM 2

Ab da geht es eigentlich fast nur noch geradeaus – über den Schwedter Steg, an der Behmbrücke rechts halten und dann rechts auf den Fuß- und Radweg unter der Brücke hindurch. Dann weiter geradeaus.

2 Kirschblüten stehen aller Orten in Berlin und sie sind jedes Jahr ein farbenfroher Frühlingsbote. Nördlich des S-Bahnhofes Bornholmer Straße stehen über 200 Bäume. Im ehemaligen Todesstreifen zwischen Prenzlauer Berg und Wedding kann man heute unter einem rosa Blütendach spazieren oder radeln. Dieser Kirschblütenpfad ist sehr beliebt bei Ausflüglern, daher kann es gerade am Wochenende sehr voll werden. Mein Tipp: In der Woche oder Sonntag ganz früh ist hier häufig nichts los.

Kirschblütenweg Bornholmer Straße

Eingang zum Bürgerpark Pankow

KM 4

Hier blühen im Frühling die Kirschblüten. Schließlich fahren wir links unter der Bahntrasse hindurch und dann zweimal rechts Richtung S-Bahnhof Wollankstraße. Hinter dem Bahnhof radeln wir links auf einen Fußweg. An dessen Ende biegen wir rechts in die Wilhelm-Kuhr-Straße ein und dann links in die Straße Am Bürgerpark.

3 Der Bürgerpark Pankow ist eine grüne Oase im gleichnamigen Bezirk. Er hat eine Fläche von rund 20 Hektar und ist eine harmonische Verbindung von gepflegten Grünflächen, altem Baumbestand und idyllischen Wasserflächen. Die weitläufigen Wiesen des Bürgerparks sind nicht nur ideal für ausgedehnte Sonnenbäder, sondern auch für sportliche Aktivitäten. Jogger finden hier ebenso ausreichend Platz wie Fußballspieler oder Frisbee-Enthusiasten. Das Café Rosengarten lockt das ganze Jahr über viele Gäste an. Ich komme im Sommer gerne in den Park, um mit Freunden zu picknicken, da es hier meist angenehm leer ist.

Berliner Mauerweg in Schönholz

KM 6

Wir fahren weiter geradeaus vorbei am Friedhof Pankow III und halten uns schließlich links. Wir können hier einfach der Beschilderung des Berliner Mauerwegs folgen. Es geht über die Provinzstraße hinweg, hinter dem Supermarkt halten wir uns rechts. Wir radeln über die Klemkestraße und dann auf einem traumhaften Radweg weiter.

4 **Das »Grüne Band«** führt von der Innenstadt Berlins bis zum Naherholungsgebiet Barnim. Es zeichnet auf etwa 15 Kilometern den ehemaligen Verlauf der Berliner Mauer nach. Vielerorts sind die Spuren der Stadtgeschichte noch heute zu entdecken. Stationen auf der Strecke sind unter anderem der Mauerpark, die Reste von Grenzanlagen am S-Bahnhof Wollankstraße, der Nordgraben, das Dorf Rosenthal sowie das Tegeler Fließ mit dem malerischen Naturschutzgebiet Niedermoorwiesen. Auf dem Stück ab der Klemkestraße wurde ein sehr breiter Radstreifen angelegt. Birken säumen den Weg und spenden Schatten an heißen Sommertagen. Man mag kaum glauben, dass man noch in Berlin ist. Ich radle oft auf diesem Weg, um autofrei von Mitte nach Reinickendorf zu gelangen.

Rosenthal: Wo Berlin noch ein Dorf ist.

Dorfcharakter in Berlin-Rosenthal

KM 10

Wir fahren bis zum Ende des Weges, an der Kopenhagener Straße halten wir uns schräg links und radeln zwischen Bahnhof und Supermarkt hindurch. Wir fahren immer weiter geradeaus und kommen am Industriegebiet Pankowpark vorbei. An der Heinz-Brand-Straße biegen wir rechts ab und an deren Ende links auf einen Fußweg. Gleich danach schwenken wir rechts auf den Nordgrabenweg. Ab hier folgen wir der Beschilderung des Berliner Mauerweges, die uns immer geradeaus führt.

5 **Vom Quickborner Damm** lohnt sich ein Abstecher nach rechts zum alten Dorfkern von Rosenthal. Wer mit der Straßenbahnlinie M1 fährt, hat es sicher schon mal als Endhaltestelle gelesen: Rosenthal Nord. Was klingt wie ein idyllisches bayrisches Dorf, ist tatsächlich in Berlin Pankow gelegen – aber nicht minder idyllisch. Ein typischer alter Dorfkern mit Kirche und Bauernhäusern. Es ist so schön beschaulich dort und man kann diese Idylle mit der Tram oder eben dem Fahrrad erreichen. Im Traditionsrestaurant Dittmann's lässt es sich zünftig speisen und unter den großen Bäumen herrlich draußen sitzen. Im Café Alte Backstube ist der Name Programm und es werden am Wochenende Kuchen wie von Oma serviert.

Dorfanger Alt-Lübars

Der alte Dorfanger von Lübars ist zauberhaft und ein gelungener Abschluss für diese Radtour.

TRAUMHAFT

EISGENUSS

Das Eiscafé Angelina ist über die Grenzen von Lübars bekannt und das zu Recht. Das Eis ist köstlich und die Schlange im Sommer lang. Eine Radelpause ist also fast Pflicht.

KM 14

Es geht weiter auf dem Berliner Mauerweg. In meiner Kindheit gab es hier keine Bäume, doch mittlerweile ist ein schöner Wald entstanden. Auf dem asphaltierten Weg lässt es sich prima radeln. Wir fahren immer geradeaus über Wiesen und Felder. Am Schildower Weg biegen wir dann links ab und an der Schildower Straße fahren wir rechts nach Lübars.

6 **Lübars** ist eines der ältesten Dörfer Berlins. Es gibt einen typischen Dorfkern mit alten Bauernhäusern, Hofläden und Kirche. Es riecht nach Pferd aufgrund der vielen Stallungen hier. Man mag kaum glauben, dass Lübars noch zu Berlin gehört – wenn auch zu dessen Randgebiet. Oft finden hier Veranstaltungen statt wie Hofflohmärkte, ein Weihnachtsmarkt und Sommerfeste. Im Kräuterhof Lübars werden frisches Gemüse, Kräuter und Obst aus eigenem Anbau sowie Eier, Marmeladen oder Honig angeboten. Drum herum gibt es weite Felder, üppige Wiesen und Koppeln, auf denen Pferde stehen. Eine Radtour zu verschiedenen Dorfkernen finden Sie ebenfalls in diesem Buch. Ferner verläuft hier entlang auch der Barnimer Dörferweg, für alle diejenigen, die die Tour gern verlängern möchten.

Eigentlich endet der Lübarser Weg hier. Wir radeln weiter geradeaus auf die Benekendorffstraße, dann links auf die Schonacher Straße und rechts auf den Zabel-Krüger-Damm zum S-Bahnhof Waidmannslust.

AUF EINEN BLICK

18 km

60 Hm

1:30 h

mittel

Ausgangs-/Endpunkt
Mauerpark/Bahnhof Waidmannslust

Anfahrt Bahn / Bus: Anreise: M10 Wolliner Straße, U2 Eberswalder Straße; Abreise: S1, S85 von Waidmannslust

Wegbeschaffenheit Mischung aus asphaltierten und unbefestigten Wegen. Wenige Strecken entlang von Straßen. Auch für Familien geeignet

5

RAD-RUNDTOUR DURCH MOABIT

EINE INSEL MITTEN IN BERLIN

Moabit ist ein architektonisches Potpourri gepaart mit den wohl schrecklichsten Straßen Berlins und einigen Industriegeländen. Aber genau das zeichnet diesen typischen Berliner Bezirk aus, der durch seine Geschichte, Vielfalt und lebendige Atmosphäre besticht. Eine breite Palette von kulinarischen Genüssen und Produkten bieten die vielen Restaurants, Cafés und Geschäfte des Viertels. Fun Fact: Der berühmte »Mocca faux«, besser bekannt als »Muckefuck«, stammt aus Moabit. Historisch gesehen war Moabit einst eine Insel in der Spree, bevor diese im 19. Jahrhundert mit dem Festland verbunden wurde. Der Stadtteil verfügt über eine reiche industrielle Vergangenheit, die sich noch immer in einigen der gut erhaltenen Gebäude widerspiegelt. Ein herausragendes Beispiel ist das berühmte Gefängnis Moabit, das heute als Mahnmal für die Geschichte und als Ort für kulturelle Veranstaltungen dient.

1

KM 2

FRITZ-SCHLOSS-PARK

Moabits weitläufige grüne Oase

2

KM 4

MAHNMAL PUTLITZBRÜCKE

Erinnerung an die deportierten Juden Berlins

3

KM 5

MOABITER STADTGARTEN

Zentrum für Kunst, Kultur und Gärtnern

> Der Stephanplatz im gleichnamigen Kiez wird Architekturliebhaber interessieren: Denn wunderschöne Altbauten umgeben ihn.

moabit ist komplett vom wasser umgeben.

4

KM 6

CLASSIC REMISE

Beeindruckende Sammlung von Oldtimern

5

KM 10

BUCHKANTINE

Buchladen und Café wunderbar kombiniert

6

KM 11

ARMINIUSMARKTHALLE

Einkaufen mit historischem Charme

Holocaust-Mahnmal Putlitzbrücke

KM 2

Los geht's am Hamburger Bahnhof entlang der Invalidenstraße. Hinter dem Hauptbahnhof biegen wir rechts in einen Fußweg ein und fahren geradewegs zum Fritz-Schloß-Park.

Viel Grün im Fritz-Schloss-Park

1 **Der Fritz-Schloß-Park** ist mit einer Fläche von zwölf Hektar im Vergleich zu anderen Parks in Berlin zwar eher klein, aber dennoch der größte Park in Moabit. Er ist aus einer Trümmerhalde nach dem Zweiten Weltkrieg entstanden. Zu Ehren der Trümmerfrauen befindet sich im Park ein Relief mit der Aufschrift »Den Notstandsarbeitern zum Dank«. Den meisten Berlinern ist er vermutlich nur durch die Vabali Therme bekannt. Die schöne Parkanlage bietet jedoch auch Spielplätze, Minigolfanlage, Rodelbahn, Kinderbauhof und sogar einen Kletterpfad. Hier kommt also jeder auf seine Kosten.

TRAUMHAFT

BÜCHER UND KAFFEE

Die Buchkantine ist Buchladen und Café in einem – best of both worlds. Auf der Terrasse mit Spree-Blick kann man draußen sitzen und das köstliche Speisenangebot genießen.

KM 4

Hinter dem Park biegen wir nach links ab und dann gleich nach rechts auf die Rathenower Straße. An der Stendaler Straße schwenken wir links, durch den Park am Ende der Straße und dann erneut links ab auf die Stephanstraße. An der Putlitzstraße schwenken wir nach rechts zur gleichnamigen Brücke. Der Ausblick ist schön, außerdem steht hier das Deportationsmahnmal Putlitzbrücke.

2 **Der Abstecher** auf die Putlitzbrücke lohnt sich. Mitten auf der Brücke am S-Bahnhof Westhafen steht das Deportationsmahnmal Putlitzbrücke. Es erinnert an die mehr als 30.000 Berliner Juden, die vom benachbarten Güterbahnhof Moabit aus in die Konzentrationslager im Osten deportiert wurden. Das Mahnmal wurde von Volkmar Haase gestaltet und 1987 aufgestellt. Es besteht aus einer 2,50 Meter hohen Edelstahl-Skulptur. Der vordere Teil ist einem Grabstein mit Davidstern nachempfunden, der dahinterliegende Teil zeigt eine deformierte Treppe, die in den Himmel ragt.

Moabiter Stadtgarten

Dit is Berin

KM 5

Auf der Brücke kehren wir einmal um und biegen dann rechts auf die Birkenstraße ab. Wir radeln bis zu deren Ende und fahren dann rechts zum Moabiter Stadtgarten.

3 **Auf dem Gelände** des ehemaligen Güterbahnhofs Moabit wurde bis 2012 der Moabiter Stadtgarten angelegt. Er ist eine Mischung aus Park, Gemeinschaftsgarten, Kulturzentrum und Open Air Gallery. Im 1600 Quadratmeter großen Bürgergarten wird nach Herzenslust Obst und Gemüse von den einzelnen Pächtern angebaut. Das Zentrum für Kunst und Urbanistik (ZK/U) schafft Räume für Ausstellungen, Ateliers, Kunstprojekte und Veranstaltungen und in der 21er Open Air Gallery stellen Graffiti-Künstler ihre Werke aus. Daneben gibt es eine große Liegewiese für Picknicks und einen Spielplatz. Ein toller Ort, der sehr zu Berlin passt.

Oldtimer in der Classic Remise

KM 6

Weiter fahren wir entlang der Siemens- und der Sickingenstraße. An der Wiebestraße biegen wir links ab zur Classic Remise.

4 **Die Classic Remise** in Berlin ist nicht nur eine Autowerkstatt, sondern ein regelrechtes Paradies für Liebhaber klassischer Fahrzeuge. Dieser einzigartige Ort, der in einer historischen Straßenbahn-Remise untergebracht ist, vereint Werkstatt, Verkaufsraum, Ausstellungsfläche und Eventlocation in einem. Die Ausstellungsfläche der Classic Remise gleicht einem Museum für historische Fahrzeuge. Hier kann man eine beeindruckende Sammlung von restaurierten Oldtimern, exklusiven Sportwagen und historischen Motorrädern bestaunen. Regelmäßig finden hier Veranstaltungen, Ausstellungen und Auktionen statt. Die historische Atmosphäre der Remise macht den Ort zu etwas Besonderem. Die Remise ist täglich geöffnet und man kann hier nach Herzenslust Old und Young Timer bestaunen.

Schöne Altbauten im Stephankiez

In der Buchkantine gibt es Bücher und Kaffee.

KM 10

Wir radeln weiter auf der Wiebestraße. An der Hüttenstraße biegen wir rechts ab zum Charlottenburger Verbindungskanal. Hier schwenken wir nach links. Hinter dem Sportplatz radeln wir links einmal herum zur Spree. Hier hat man einen wunderbaren Blick auf die modernen Gebäude am Wasser. Wir fahren bis zur Kaiserin-Augusta-Allee, dann rechts ans Ufer und immer weiter am Ufer entlang. An der Gotzkowskistraße biegen wir rechts ab und an der Lewetzkostraße links. Dann fahren wir gleich wieder rechts erneut auf den Uferweg. Wir radeln einmal um das Hansa-Ufer herum zur Bochumer Straße.

5 **Die Buchkantine** in Moabit kombiniert Café, Feinkostladen und Buchhandlung zu einer ganz wunderbaren Mischung aus Kulinarik und Kultur. Im Café kann man bei Kaltgetränk und allerlei Köstlichkeiten, wie Avocado-Salat, Quiches, Suppen oder Kuchen, eine Sattelpause einlegen. Wer neuen Lesestoff benötigt, der kann sich im angrenzenden Buchladen kompetent beraten lassen. Als kulinarische Genüsse für zu Hause kann man im Feinkostladen Champagner, Sekt und weitere regionale und internationale Delikatessen erstehen. Im Sommer kann man zudem wunderbar draußen sitzen. Ein idealer Ort zum Lesen und Verweilen. Es ist ruhig gelegen und bietet einen tollen Spreeblick!

Arminiusmarkthalle

KM 11

Die Radtour führt weiter auf der Bochumer Straße bis zu deren Ende. An der Straße Alt-Moabit schwenken wir nach rechts und dann gleich wieder nach links. An der Turmstraße biegen wir erneut links ab und fahren dann gleich wieder rechts auf die Bremer Straße und zur Arminiusmarkthalle.

6 **Die Arminiusmarkthalle** in Berlin beeindruckt nicht nur durch ihre Architektur aus vergangenen Tagen, sondern sie ist auch ein lebendiges Zentrum kulinarischer Vielfalt und kultureller Begegnungen. Sie wurde im Jahr 1891 eröffnet und hat eine reiche Geschichte durchlebt. Nach aufwendigen Renovierungen erstrahlt die Halle heute in neuem Glanz, während sie gleichzeitig ihren historischen Charme bewahrt hat. Die Markthalle beherbergt ein breites Spektrum von Ständen und Geschäften, die frische Lebensmittel, Delikatessen, Gewürze, Blumen und vieles mehr anbieten. Die kulinarische Vielfalt spiegelt sich auch in den kleinen Restaurants und Imbissen wider, die in der Markthalle zu finden sind. Von traditionell deutscher Küche bis zu internationalen Köstlichkeiten – hier gibt es für jeden Geschmack etwas zu probieren. Zudem finden in der Halle Veranstaltungen, Konzerte und kulturelle Events statt.

Wir fahren nun in einem Schlenker wieder zurück zur Turmstraße. An der Jonasstraße halten wir uns rechts, an der Turmstraße links und am Fußgängerüberweg kehren wir um. An der Thusnelda-Allee radeln wir links und dann gleich wieder links zur Straße Alt-Moabit. Von dort fahren wir immer geradeaus bis zum Hauptbahnhof.

AUF EINEN BLICK

15 km

60 Hm

1:30 h

leicht

Ausgangs-/Endpunkt S-Hauptbahnhof

Anfahrt Bahn / Bus: S3, S5, S7, S9, S75 sowie Regional- und Fernverkehr bis/ab Berlin Hauptbahnhof

Wegbeschaffenheit Abschnitte durch Parks wechseln sich ab mit Uferwegen und Nebenstraßen

6

POTSDAMER GEWÄSSER

TEMPLINER SEE UND WERDER

Potsdam ist der Ausgangspunkt für diese schöne Fahrradtour um den Templiner See und in die historische Altstadt Werder. Rund um die schönen Havelseen gibt es jede Menge Natur zu sehen sowie Bade- und Einkehrmöglichkeiten für zwischendurch. Von Potsdam aus führt der Weg entlang des Templiner Sees vorbei an üppigen Wäldern und grünen Wiesen. Die Ausblicke auf den See sind traumhaft. In Werder können wir die historische Altstadt mit ihren charmanten Gassen, traditionellen Fachwerkhäusern und gemütlichen Cafés erkunden. Unterwegs passieren wir das Schloss Caputh, eine beeindruckende Residenz, die einst von Friedrich dem Großen für seinen Bruder August Wilhelm errichtet wurde. Die gepflegten Parkanlagen laden zu einer kurzen Pause ein. Die Tour endet in Potsdam, wo wir über die Brandenburgische Straße flanieren können. Eine schöne Radtour mit Natur, charmanten Altstädten und Kulinarik.

1

KM 4

VIELFÄLTIGE MUSEEN

Ausstellungen für jeden Geschmack

2

KM 6

WASSERTAXI

Kostengünstig auf der Havel schippern

3

KM 15

WERDER AN DER HAVEL

Spaziergang über die historische Altstadtinsel

Spar-Tipp: Statt mit dem Ausflugsdampfer einfach mit dem Potsdamer Wassertaxi über die nahen Seen schippern.

Das Potsdamer Wassertaxi ist eine schöne Möglichkeit, die Stadt zu erkunden.

4

KM 23

SCHLOSS CAPUTH

Das älteste erhaltene Lustschloss

5

KM 28

HERMANNSWERDER

Idyllische Halbinsel im See

6

KM 30

POTSDAMER ALTSTADT

Flanieren, bummeln und genießen

Urlaubsfeeling in dem Seebad Caputh

KM 1

Los geht's am Bahnhof Potsdam, wir fahren über die Breite Straße Richtung Westen vorbei am schönen Filmmuseum Potsdam.

1 **Die Stadt Potsdam** besitzt eine beeindruckende Vielfalt an Museen, die unterschiedlichsten Interessen gerecht wird. Vier dieser bedeutenden Museen befinden sich fußläufig vom Bahnhof und nicht weit voneinander entfernt. Das Museum Barberini ist im wunderschön rekonstruierten Palais Barberini untergebracht und präsentiert eine beeindruckende Sammlung von Gemälden, Skulpturen und anderen Kunstwerken. Das Potsdam Museum dokumentiert die bewegte Vergangenheit der Stadt von ihren Anfängen bis zur Gegenwart. Für Cineasten ist das Filmmuseum ein wahres Eldorado. Es wirft einen Blick auf die reiche Filmgeschichte rund um das Studio Babelsberg. Das Naturkundemuseum bietet eine spannende Reise durch die Naturwissenschaften. Es lohnt sich also, etwas mehr Zeit für die Tour einzuplanen, um eines oder mehrere dieser Museen zu besuchen.

TRAUMHAFT

BIERGARTENGLÜCK

Der Biergarten Baumgartenbrück liegt direkt am Ufer der Havel und bietet zünftige Speisen. Man kann wunderbar draußen sitzen und das Treiben auf dem See beobachten.

KM 6

Wir fahren bis zum Ende der Straße, dann biegen wir links auf die Zeppelinstraße. An der nächsten Straße biegen wir erneut links ab auf die Straße Auf dem Kiewitt – wir fahren nun durch ein beschauliches Wohnviertel. Wir folgen dem Weg, biegen an der Wielandstraße links ab und radeln über die Brücke. Ab hier führt ein traumhafter Weg entlang des Ufers.

Schöne Aussicht vom Wassertaxi

2 **Das Potsdamer Wassertaxi** ist ein Linienverkehr per Schiff mit festem Fahrplan. Von den 13 Stationen des Liniennetzes lassen sich zahlreiche Sehenswürdigkeiten in und um Potsdam bequem erreichen, wie Park Sanssouci, Schloss Babelsberg oder Schloss Cecilienhof. Die Tickets können ganz einfach beim Einstieg direkt an Bord erworben werden. Auf dem Templiner See ist das Taxi ebenfalls unterwegs und bietet auch Platz für Fahrräder – eine kostengünstige Alternative zu den touristischen Dampferfahrten und nicht minder aussichtsreich. Die Schiffe können jeweils bis zu 60 Personen sowie 20 Fahrräder befördern. Für 19 Euro gibt es sogar eine Tageskarte und man kann so die Stadt vom Wasser aus erleben.

Traumhafte Radwege

KM 15

Wir radeln weiter bei herrlicher Aussicht am Templiner See entlang. Wir fahren bis zur Berliner Chaussee, dort radeln wir links über die Brücke und folgen dem Weg. An der Brandenburgischen Straße schwenken wir nach rechts zur historischen Altstadt Werder.

Im Softeis-Pinguin gibt es köstliches Softeis in wechselnden Sorten. Eine Pause ist hier eigentlich fast ein Muss.

Obstbäume soweit das Auge reicht

3 **Werder an der Havel** ist ein staatlich anerkannter Erholungsort direkt vor den Toren Potsdams. Die Stadt ist bekannt für die historische Altstadtinsel, die Baumblüte, die leckeren Obstsorten sowie den Wassertourismus. Ein Spaziergang über die Insel bietet traumhafte Havelausblicke sowie süße Läden und Cafés. Eine Sattelpause ist unbedingt zu empfehlen. Wer möchte, kann eine Dampferfahrt machen. Alljährlich lockt die Stadt zudem mit dem Baumblütenfest zahlreiche Besucher an. Die Region ist aber auch bekannt für ihre Obstbäume sowie den Anbau von Spargel. Der Panoramaradweg Werderobst wird ebenfalls in diesem Buch beschrieben und lässt sich mit dieser Radtour kombinieren.

KM 23

Wir fahren von der Insel herunter und nehmen den Weg zurück bis zur Berliner Chaussee und über die Brücke. Dahinter schwenken wir nach rechts. Nach etwa einem Kilometer folgen wir der Beschilderung nach Caputh und fahren auf die Geltower Chaussee. Wir radeln immer geradeaus. Man kann hier mit der historischen Seilfähre auf die andere Seite übersetzen. Alternativ

Traumhafter Ausblick auf die Altstadt Werder

Viel Natur auf der Halbinsel Hermannswerder

gibt es ein Stück südlich eine Fußgängerbrücke auf einer alten Bahntrasse. Auf der anderen Seite radeln wir geradeaus, am Schmerberger Weg fahren wir rechts und an der nächsten Straße links zum Schloss Caputh.

4 **Schloss Caputh** ist das älteste erhaltene Lustschloss aus der Ära des »Großen Kurfürsten« Friedrich Wilhelm von Brandenburg. Kaum ein anderes Schloss hat die wechselvollen Zeiten so unverändert überstanden wie dieses. Die museale Einrichtung des Anwesens gibt einen faszinierenden Einblick in die fürstliche Wohnkultur um 1700. Nach verschiedenen Phasen der Nutzung erstrahlt Schloss Caputh seit 1999 wieder in barockem Glanz und steht der Öffentlichkeit als Schlossmuseum offen. Die malerische Lage am Ufer der Havel und der herrliche Altbaumbestand, ergänzt durch einen kleinen Landschaftsgarten nach einem Plan von Lenné, machen einen Besuch zu allen Jahreszeiten magisch.

KM 28

Danach geht es immer weiter geradeaus entlang des Templiner Sees bis nach Hermannswerder.

5 **Hermannswerder** ist eine idyllische Halbinsel im Templiner See. Das schöne Torhaus im gotischen Stil zeugt von der wechselvollen Geschichte der Halbinsel. Der Name Hermannswerder geht auf den Teppichfabrikanten Hermann Hoffbauer zurück, der hier einen 30 Hektar großen Gutshof betrieb. Die durch das Ehepaar gegründete Hoffbauer-Stiftung setzte sich für das Gemeinwohl ein und errichtete ein Krankenhaus, ein Altenheim, ein Gymnasium

Buntes Treiben auf der Brandenburger Straße

Die Altstadt Potsdam mit seinen gemütlichen Cafés und kleinen Geschäften laden zum Flanieren ein.

sowie ein Wohnheim für Menschen mit Behinderung. Seit den 1920er-Jahren stehen an der Nordseite der Halbinsel auch prachtvolle Villen und Einfamilienhäuser. Ein Uferweg umfasst heute fast die ganze Insel und lädt zu einem Spaziergang ein.

KM 30

Wir fahren ein Stück weiter geradeaus. An der Michendorfer Chaussee biegen wir links ab, an der Friedrich-Boelke-Straße fahren wir erneut links und schwenken auf einen tollen Uferweg.

6 Zum Ende der Radtour sei noch ein Besuch der Potsdamer Altstadt empfohlen. Mit ihren kopfsteingepflasterten Straßen und pittoresken Plätzen ist sie das Herzstück der brandenburgischen Landeshauptstadt und bietet eine große Vielfalt an historischen Sehenswürdigkeiten. Ihre malerischen Gassen sind gesäumt von liebevoll restaurierten Fachwerkhäusern, kleinen Boutiquen und gemütlichen Cafés. Hier kann man in einem historischen Ambiente bummeln, lokale Spezialitäten probieren und das Flair der Altstadt genießen. Nicht zu vergessen ist die berühmte Brandenburger Straße, eine Einkaufsstraße mit Boutiquen, Geschäften und Restaurants. Hier kann man nicht nur shoppen, sondern auch die lokale Küche genießen und die vielfältige Atmosphäre auf sich wirken lassen. Wer noch viel Zeit hat, kann dem schönen Schloss Sanssouci und dem Neuen Palais einen Besuch abstatten.

Auf dem Rückweg fahren wir unter der Brücke hindurch und dahinter über die Rampe. Dann kehren wir um und radeln zum Bahnhof Potsdam.

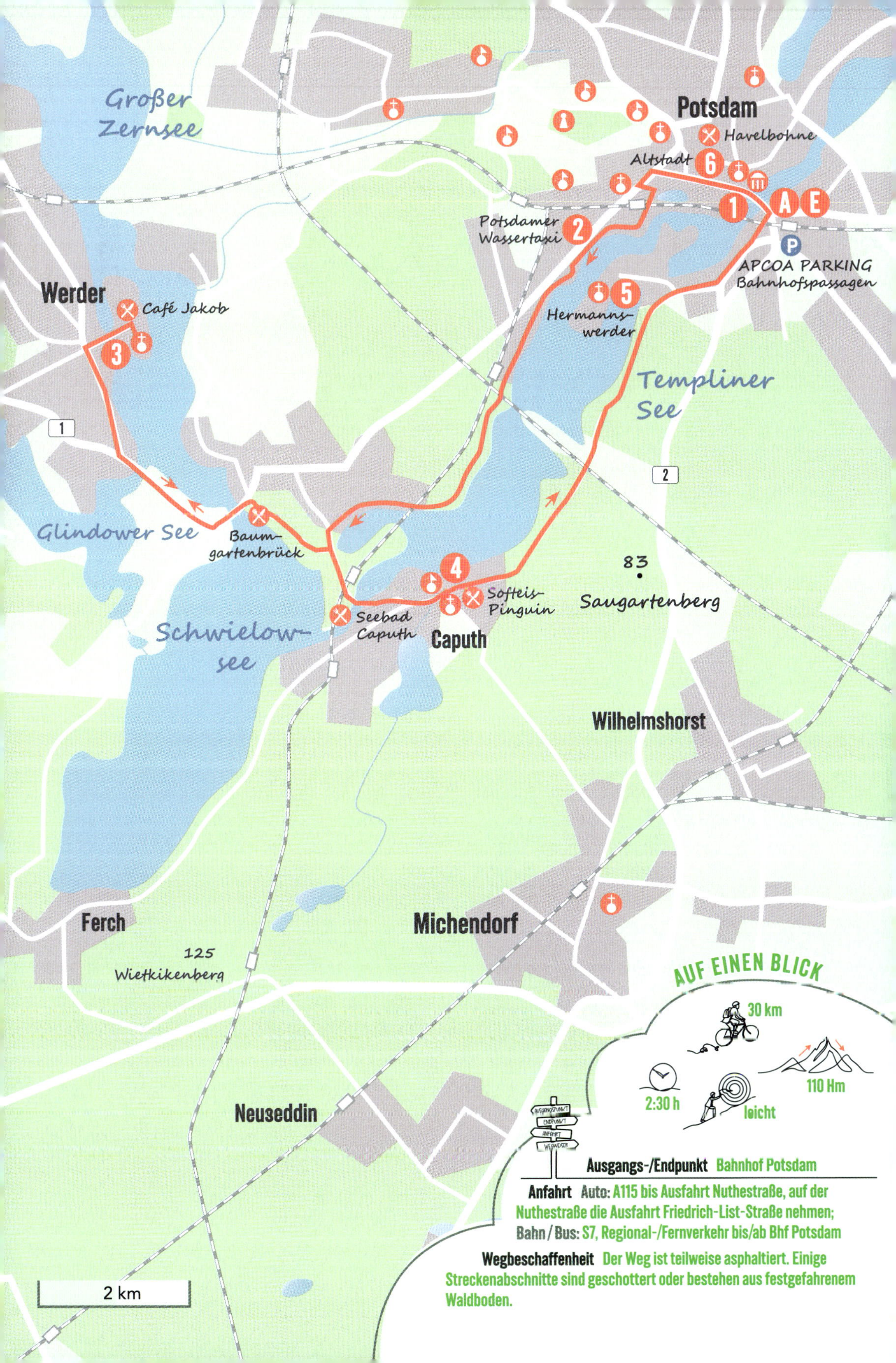

AUF EINEN BLICK

30 km

2:30 h

110 Hm

leicht

Ausgangs-/Endpunkt Bahnhof Potsdam

Anfahrt Auto: A115 bis Ausfahrt Nuthestraße, auf der Nuthestraße die Ausfahrt Friedrich-List-Straße nehmen; Bahn / Bus: S7, Regional-/Fernverkehr bis/ab Bhf Potsdam

Wegbeschaffenheit Der Weg ist teilweise asphaltiert. Einige Streckenabschnitte sind geschottert oder bestehen aus festgefahrenem Waldboden.

7

ENTDECKUNGSTOUR DURCH POTSDAM

FÜR ARCHITEKTUR-LIEBHABER

Eine Fahrradtour durch Potsdam bietet eine reizvolle Kombination aus historischer Pracht, idyllischen Landschaften und kulturellem Reichtum. Die Stadt, die sich malerisch an der Havel erstreckt, wartet mit einer Vielzahl von Sehenswürdigkeiten auf, die sich besonders gut per Fahrrad erkunden lassen. Höhepunkte dieser Tour sind die Brandenburgische Straße, die russischen Häuser Alexandrowka, der Neue Garten sowie das Schloss Sanssouci als ein Meisterwerk des Rokokos umgeben von prachtvollen Parkanlagen. Wir radeln auch immer wieder entlang der Havel, vorbei an malerischen Uferpromenaden und Bootsstegen. Eine Radtour durch die einstige Residenzstadt bedeutet deshalb nicht nur sportliche Betätigung, sondern sie verbindet zugleich Kultur mit Natur. Bringen Sie also am besten ein bisschen mehr Zeit mit!

1

KM 2

WINZERBERG

Historischer Ort für Weinanbau

2

KM 4

ALEXANDROWKA

Russische Häuser mitten in Potsdam

3

KM 5

VERBOTENE STADT

Geheimnisvolle KGB-Dienststelle

4

KM 6

SCHLOSS CECILIENHOF

Ort mit Geschichte

Berlins Taiga bietet regelmäßige Führungen durch die Verbotene Stadt »Militärstädtchen Nr. 7« an.

Potsdam hat sein eigenes Brandenburger Tor.

5

KM 12

KRONGUT BORNSTEDT

Weltkulturerbe

6

KM 14

NEUES PALAIS

Wo einst die Herrscher residierten

7

KM 16

SCHLOSS SANSSOUCI

In der Welt »ohne Sorge«

Das Schloss Sanssouci bietet so viele Fotomotive.

KM 2

Vom Bahnhof fahren wir über die Breite Straße, an der Schopenhauerstraße biegen wir rechts ab. Wir radeln geradeaus zum Brandenburger Tor, dann zum Winzerberg an der Schopenhauerstraße 23.

Auf dem Winzerberg

1 **Der Winzerberg** in Potsdam ist eine terrassenförmige Anlage, die seit 1763 für den Anbau von Wein und Obst genutzt wird. Aufgrund begrenzter finanzieller Mittel der Stiftung Preußische Schlösser und Gärten schlossen sich einige Bürger Potsdams zusammen, um die Stiftung bei der Restaurierung dieser Anlage zu unterstützen. Seit 2005 wird der Potsdamer Winzerberg aufwendig saniert. Historisch Interessierte können an Führungen teilnehmen und in den Sommermonaten lädt die Anlage am Donnerstag- und Freitagabend zur Bacchusstunde mit Weinausschank und Antipasti. Zudem finden hier Konzerte und kulturelle Veranstaltungen statt.

TRAUMHAFT

RADELN MIT MUSIK

Im Rahmen der Musikfestspiele Potsdam findet jedes Jahr das Fahrradkonzert statt. Dies ist eine Radroute mit vielen musikalischen Stationen.

KM 4

Hinter dem Winzerberg schwenken wir nun nach rechts ein und nehmen die nächste Straße wieder nach rechts zur Hegelallee. Dort halten wir uns links und biegen die nächste Straße erneut links ein. An der Kreuzung zur Pappelallee radeln wir nach rechts zur Alexandrowka.

2 **Mitten in Potsdam** stehen hier mehrere alte russische Häuser, die aus der Zeit gefallen zu scheinen. Die Alexandrowka war eine Russische Kolonie, die 1826 auf Geheiß des preußischen Königs Friedrich Wilhelm III. zum Gedenken an den verstorbenen Zar Alexander I. erbaut worden war. Die Häuser wurden von den russischen Sängern des ersten preußischen Garderegiments bewohnt. 1999 wurde die Kolonie zum Teil des UNESCO-Weltkulturerbes erklärt. Denkmalschützer, Restauratoren und die Eigentümer arbeiten gemeinsam an der aufwendigen Sanierung und Instandhaltung der Gebäude, um sie so vor dem Verfall zu bewahren. Eines der Häuser beherbergt ein Museum über die Geschichte der Kolonie.

Russische Kolonie Alexandrowka

KM 5

Wir radeln einmal quer über den Platz der Russischen Kolonie. An der Beyerstraße biegen wir rechts ab. Nun radeln wir immer geradeaus und vorbei an der schönen Pfingstkirche zur Gedenk- und Begegnungsstätte Leistikowstraße.

3 **Das Areal** um die Große Weinmeisterstraße war zu Zeiten des Kalten Krieges Teil des sogenannten Militärstädtchens Nr. 7. Fast 50 Jahre unterhielt hier der sowjetische Geheimdienst KGB einen der bedeutsamsten Geheimdienststützpunkte in der DDR. Eine Betonmauer und zwölf Wachtürme schirmten das Gebiet von der Außenwelt ab. Es war eine richtige Stadt in der Stadt mit Geschäften, Klinik, Hotel und Wohnungen für die Offiziersfamilien, Wachsoldaten und zivilen Angestellten. Das ehemalige Pfarrhaus wurde zum zentralen Untersuchungsgefängnis umgebaut und tausende Menschen wurden dort gefangen gehalten –darunter NS-Täter, Spione, Deserteure, aber auch völlig Unschuldige. Das Gefängnis, in dem einige Zellen noch erhalten sind, ist heute eine Gedenk- und Begegnungsstätte, in der Ausstellungen stattfinden und Führungen angeboten werden. Auf einem Geschichtspfad vermitteln Informationstafeln Wissenswertes zur Geschichte der Anlage.

Im Gartencafé des Museums Alexandrowka kann man in urigem Ambiente draußen sitzen und leckeren Kuchen verputzen.

Neuer Garten

KM 6

Wir biegen nun rechts zum Neuen Garten ab. Wir radeln in die Anlage hinein und biegen auf dem Ökonomieweg links ab.

4 **Der Neue Garten** ist idyllisch am Jungfernsee und am Heiligen See gelegen. Auf vielen Wegen lässt sich der Park erkunden und die gut erhaltenen historischen Gebäude bestaunen, zum Beispiel das Marmorpalais, die Küche in Form einer römischen Tempelruine, die Gotische Bibliothek, die Orangerie, die Meierei oder das Holländische Etablissement. Zentrum der Anlage ist das im englischen Landhausstil erbaute Schloss Cecilienhof, das dem letzten deutschen Kronprinzenpaar bis 1945 als Wohnsitz diente. Es erlangte Berühmtheit durch das Treffen der drei Siegermächte USA, Russland und Großbritannien nach dem Zweiten Weltkrieg. Die als Potsdamer Konferenz bekannt gewordene Versammlung zählt zu den bedeutendsten historischen Ereignissen des 20. Jahrhunderts und symbolisiert den Endpunkt des Zweiten Weltkrieges sowie den Beginn des Kalten Krieges.

Ort mit viel Geschichte: Schloss Cecilienhof

Italien-Feeling pur im Krongut Bornstedt

KM 12

Wir radeln bis zum Ende des Parks und fahren dann rechts auf den schönen Uferweg entlang des Jungfernsees. Dieser Uferweg wurde im Sommer 2015 neu eröffnet und es lässt sich hier wunderbar direkt am Wasser radeln. Wir fahren immer geradeaus. An der Nedlitzer Straße halten wir uns schräg rechts und radeln weiter geradeaus. An der Straße Am Golfplatz biegen wir links ein und schwenken dann gleich wieder nach rechts. Wir fahren bis zum Ende der Straße, biegen dann rechts ab auf die Bornstedter Straße und fahren daraufhin gleich wieder links zum Krongut Bornstedt.

5 **Willkommen in Italien** – das kommt einem vielleicht zuerst in den Sinn, wenn man auf den Hof des Kronguts Bornstedt einbiegt. Dieses im italienischen Stil erbaute Anwesen liegt malerisch am Bornstedter See und diente einst als Wohnort für das Kronprinzenpaar Friedrich Wilhelm IV. und Victoria. Das denkmalgeschützte Areal ist heute Teil der UNESCO-Weltkulturerbestätten und fügt sich harmonisch in das Ensemble der berühmten Schlösser und Gärten von Potsdam ein. Konzerte, Hoffeste, Märkte und kulinarische Events locken das ganze Jahr über Besucher an. In der Hofbäckerei gibt es köstliche Blechkuchen, die man draußen in historischem Ambiente verspeisen kann.

KM 14

Wir verlassen das Krongut und fahren nach rechts. An der Eichenallee schwenken wir nach links. Wir fahren bis zu deren Ende, dann rechts auf die Maulbeerallee. An der Straße Am Neuen Palais fahren wir nach links zu ebendiesem.

Einmalig: der Park von Schloss Sanssouci

Das Restaurant & Café Drachenhaus überzeugt nicht nur kulinarisch, sondern auch durch seine Architektur und den Ausblick.

TRAUMHAFT

PRACHTBAUTEN

Das Ensemble aus Schloss Sanssouci und dem Neuen Palais lässt die Herzen von Architekturliebhabern höherschlagen. Am besten absteigen und durch den Park flanieren.

6 **Am westlichen Ende** der Hauptallee des Parks von Sanssouci erhebt sich majestätisch ein imposanter Schlossbau, dessen hohe Kuppel bereits aus der Ferne sichtbar ist: das Neue Palais. Die großflächige Anlage war ausschließlich für repräsentative Zwecke bestimmt. Im Vergleich dazu wirkt Schloss Sanssouci schon fast bescheiden. Im Inneren erwarten die Besucher prächtige Festsäle, beeindruckende Galerien, königlich ausgestattete Appartements sowie das barocke Schlosstheater. Das Neue Palais ist das letzte Schloss, das Friedrich der Große in seinem Park errichten ließ.

KM 16

Wir kehren um zur Straße am Neuen Palais und biegen an der Maulbeerallee rechts ein. Vorbei an der schönen Orangerie fahren wir zum Schloss Sanssouci.

7 **Eine Radtour durch Potsdam** wäre wohl ohne einen Besuch des traumhaften Schlosses Sanssouci nicht komplett. Daher heißt es nun: Fahrrad anschließen, und Schloss und Park erkunden. Das Schloss Sanssouci ist in einer einzigartigen Weise mit Friedrich dem Großen verknüpft. Der Name Sanssouci, zu Deutsch »ohne Sorge«, spiegelt den Wunsch des Königs wider, der sich hier besonders gerne zurückzog. Dieser Sommersitz war für ihn der Lieblingsort und ein bedeutsames Refugium. Die exponierte Lage des Schlosses auf den Weinbergterrassen und die authentische Raumausstattung aus dem 18. Jahrhundert ermöglichen es den Besuchern von heute, in die Welt von damals einzutauchen. Angrenzend befindet sich der weitläufige Park Sanssouci, der zum Spazierengehen einlädt.

Wir fahren weiter geradeaus, an der Breiten Straße nach links und dann bis zum Bahnhof Potsdam.

AUF EINEN BLICK

Ausgangs-/Endpunkt Bahnhof Potsdam

Anfahrt Auto: A115 bis Ausfahrt Nuthestraße, auf der Nuthestraße bis Ausfahrt Friedrich-List-Straße; Bahn / Bus: S7, Regional- und Fernverkehr bis/ab Bahnhof Potsdam

Wegbeschaffenheit Mix aus Fahrradwegen, ruhigen Nebenstraßen und Sandwegen in den Parks

20 km

90 Hm

1:30 h

leicht

8

VON SPANDAU NACH POTSDAM

IMMER AN DER HAVEL ENTLANG

Berlin am Wasser zu entdecken, ist immer eine gute Idee. Es beruhigt und ist jedes Mal anders. Der Havelradweg begleitet die Havel vom Ursprung in Mecklenburg-Vorpommern bis zur Mündung in Sachsen-Anhalt. Diese Etappe umfasst das Teilstück von Spandau nach Potsdam, das mit seinen ca. 30 Kilometern eine besonders reizvolle Strecke darstellt. Der Havelradweg zeichnet sich nicht nur durch seine landschaftliche Vielfalt aus, sondern auch durch die hervorragende Infrastruktur für Radfahrer. Gut ausgeschilderte Wege, Fahrradverleihe und zahlreiche Rastplätze entlang der Strecke machen diese Tour zu einer angenehmen und gut planbaren Erfahrung. Unterwegs laden gemütliche Cafés und Biergärten dazu ein, eine Pause einzulegen und die idyllische Atmosphäre zu genießen. Ambitionierte Radler können die Route beliebig verlängern.

1

KM 3

ALT-PICHELSDORF

Alter Dorfanger mit Charme

2

KM 8

GATOW

Für Fans der Luftfahrtgeschichte

3

KM 12

GUTSPARK NEUKLADOW

Herrenhaus mit tollem Café

Der Havelradweg ist häufig asphaltiert und gut ausgeschildert.

KM 18

HEILANDSKIRCHE SACROW

Architektonisches Highlight an der Havel

KM 20

SCHLOSS GLIENICKE

Schloss und Park direkt an der Havel

KM 24

ALTSTADT POTSDAM

Stadtbummel als krönender Abschluss

FOTO STOPP

Traumhafter Ausblick auf die Havel

KM 3

Die Tour beginnt am Bahnhof Spandau. Nach einem Schlenker radelt man hier schon an der Havel entlang Richtung Süden. Wir fahren immer geradeaus bis zur Scharfen Lanke.

Kleingärten in Alt-Pichelsdorf

1 **Alt-Pichelsdorf** ist einer von vielen alten Dorfkernen in Berlin. Das bekannteste Beispiel ist sicher Alt-Marzahn mit seiner Bockwindmühle und der Dorfkirche. Aber auch in Alt-Pichelsdorf stehen noch einige alte Bauernhäuser, die neben den Jachtclubs und Mehrfamilienhäusern etwas aus der Zeit gefallen zu sein scheinen. Dieser Stadtteil zeigt, wie sich die Geschichte Berlins in den verschiedenen Vierteln auf unterschiedliche Weise darstellt und so Berlin zu dem macht, was es heute ist. Eine Tour zu verschiedenen alten Dorfkernen finden Sie ebenfalls in diesem Buch.

TRAUMHAFT

HAVELRADWEG

Die Radtour ist fast 400 Kilometer lang und lässt sich gut in sechs Tagesetappen abradeln. Mein Tipp: In Potsdam übernachten und am nächsten Tag weiterradeln.

Ehemaliger Militärflugplatz Gatow

KM 8

An der Uferpromenade schwenken wir nach rechts immer am Wasser entlang. Ab hier können wir der Beschilderung nach Gatow und weiter nach Kladow folgen.

2 **Das Örtchen Gatow** ist vor allem für seine idyllische Atmosphäre, den historischen Dorfkern und die Verbindung zur Luftfahrtgeschichte bekannt. Interessierten sei ein Abstecher zum Militärhistorischen Museum auf dem Flugplatz Berlin-Gatow ans Herz gelegt. Auf dem Gelände des ehemaligen Militärflugplatzes wird Wissenswertes aus über 120 Jahren militärischer Luftfahrt vermittelt. Im Kalten Krieg spielte der Flugplatz Gatow eine wichtige Rolle bei der Berliner Luftbrücke. Öffnungszeiten des Museums: Di–So, 10–18 Uhr, Eintritt frei.

KM 12

Kurz hinter dem alten Dorfanger Gatow zweigt links ein Kopfsteinpflasterweg ab und führt vorbei an Obst- und Gemüsegärten. Am Ufer der Havel wenden wir uns nach rechts und radeln weiter bis zum Gutspark Neukladow.

3 **Der Gutspark Neukladow** liegt in unmittelbarer Nähe zu den Parkanlagen, die der berühmte Landschaftsarchitekt Peter Joseph Lenné im Auftrag von König Friedrich Wilhelm IV. zu einem »preußischen Arkadien« formen sollte. Herzstück des Anwesens ist das Herrenhaus, das um 1800 im Stile der Gilly-Schule, errichtet wurde – der Baumeister David Gilly war ein bedeutender Vertreter des preußischen Frühklassizimus. Im Jahr 1990 wurden Gutshaus und Park als Ensemble zum UNESCO-Weltkulturerbe erklärt. Im Herrenhaus befindet sich heute ein Café, das mit einer großen Auswahl an Torten, Kuchen und Eis aufwartet.

Gutshof Neukladow

Im Gutshaus Neukladow kann man eine Pause bei Torte und Kaffee einlegen und das Treiben auf der Havel beobachten.

Heilandskirche Sacrow

4 Das Schloss mit der berühmten Heilandskirche von Sacrow ist ein architektonisches Highlight an der Havel. Der angrenzende Park wurde vom preußischen Gartenkünstler Peter Joseph Lenné gestaltet und lädt zum Verweilen ein. Die Heilandskirche, ein aufgrund seines Stils und seiner Lage direkt am Wasser außergewöhnliches Bauwerk, entstand 1844 als sakrales Gebäude im italienischen Stil. Die umlaufende Arkade der Kirche ist wahrlich einzigartig und im Sommer sitzen hier viele Ausflügler und beobachten die Boote auf dem Wasser. Das Schloss ist nur zu Sonderveranstaltungen geöffnet, der Park ist ganzjährig von 8 Uhr bis Sonnenuntergang geöffnet.

KM 18

Wenig später gelangen wir zum Sakrower Kirchweg. Hier biegen wir nach links ab und an der Sakrower Landstraße halten wir uns abermals links. An der Fährstraße biegen wir links ein in den Schlosspark Sacrow.

Bäume spenden Schatten auf dieser Tour.

Schloss Glienicke

KM 21

Von hier verkehrt das Potsdamer Wassertaxi zum Schloss Glienicke auf der anderen Seite. Es ist ratsam vorher online nach den genauen Abfahrtszeiten zu schauen. Wir radeln nach rechts durch den Schlosspark Glienicke.

5 **Das Schloss Glienicke**, im frühen 19. Jahrhundert errichtet, steht als Zeugnis für das kulturelle und künstlerische Erbe der Region. Ursprünglich für Prinz Carl von Preußen erbaut, wurde Schloss Glienicke später zur Residenz verschiedener preußischer Königsfamilien und der Aristokratie. Sein Design vereint Elemente der neoklassizistischen und Renaissance-Architektur. Das Innere des Schlosses ist mit exquisiten Dekorationen und zeitgenössischen Möbeln geschmückt und gewährt einen Einblick in den Luxus vergangener Epochen. Ein Höhepunkt von Schloss Glienicke ist sein wunderschöner Park, der das Schloss umgibt. Das Schloss kann ganzjährig im Rahmen einer Führung besucht werden und geben einen Einblick in die Wohnräume des Prinzen. Farbenfrohe Wände wie im roten Saal, grünen Salon, türkisen Schlafzimmer, oder der tiefblauen Bibliothek zeugen von einem besonderen Stil.

Idylle pur entlang der Havel

Mit dem Potsdamer Wassertaxi kann man die Seen der Umgebung bequem erkunden. Fahrräder kann man ebenfalls mitnehmen!

TRAUMHAFT

HAVELAUSSICHT

Von der wunderschönen Heilandskirche Sacrow hat man einen tollen Ausblick auf die Havel. Der Arkadengang, der die Kirche umgibt, lädt zu einer Pause ein.

KM 24

Wir fahren über die berühmte Glienicker Brücke und weiter geradeaus nach Potsdam.

6 **Die eindrucksvolle Altstadt** Potsdams ist der krönende Abschluss dieser Radtour. Ob bummeln auf der Brandenburger Straße, Kunst und Kultur im Museum Barberini erleben, durch den Schlossgarten von Sanssouci spazieren oder in einem Café im Holländischen Viertel verweilen, die Möglichkeiten sind schier endlos, diese Tour auf gelungene Weise ausklingen zu lassen. Die Hauptstadt Brandenburgs hat wahrlich für jeden etwas zu bieten. Alljährlich findet hier auch das Fahrradkonzert im Rahmen der Potsdamer Musikfestspiele statt, bei dem man auf einer Radroute durch die Stadt musikalische Veranstaltungen und kulturelle Highlights erleben kann. Wer nach der Tour noch ein bisschen Zeit hat, kann auch die Biosphäre Potsdam besuchen, mit einem der zahlreichen Ausflugsdampfer fahren oder durch den Neuen Garten spazieren. Empfehlenswert ist auch eine Übernachtung in den zahlreichen schönen Hotels und Pensionen der Stadt, um das Radabenteuer am nächsten Tag fortzuführen.

Hinter der Brücke folgen wir weiter der Berliner Straße und radeln weiter zum Hauptbahnhof Potsdam. Ambitionierte E-Biker können diese Route verlängern, indem sie zum Beispiel in Heiligensee starten oder von Potsdam weiter dem Havelradweg folgen.

Ausgangs-/Endpunkt Bahnhof Spandau/Bahnhof Potsdam

Anfahrt Bahn / Bus: Anreise Regionalverkehr, S3 und S9 bis S-Bahnhof Spandau. Rückreise S7 und Regionalverkehr ab Bahnhof Potsdam

Wegbeschaffenheit Tour meist abseits von viel befahrenen Straßen mit guter Beschilderung

25 km · 130 Hm · 2:30 h · leicht

9

DURCH DEN GRUNEWALD

WASSERBÜFFEL MITTEN IN DER STADT

Diese Tour ist ein Traum bei schönem Wetter. Man radelt durch die Natur und ist doch noch mitten in Berlin. Entlang der Havel kann man sich wunderbar treiben lassen, es gibt Wasserbüffel zu sehen und viele Einkehrmöglichkeiten. Der Grunewald, ein ausgedehntes Waldgebiet im Südwesten Berlins, bietet eine angenehme Mischung aus schattigen Alleen, dichten Wäldern und herrlichen Uferabschnitten entlang der Havel. Die Strecke führt durch dichte Baumalleen und vorbei an klaren Seen, die zum Verweilen einladen. Während der Fahrt entlang der Havel bieten sich immer wieder Gelegenheiten für Pausen an den Uferbereichen. Hier kann man die Natur genießen, eine Picknickpause einlegen oder einfach nur dem Plätschern des Wassers lauschen. Die Tour endet am traditionsreichen Strandbad Wannsee, wo man sich nach der sportlichen Betätigung abkühlen oder in einem der urigen Strandkörbe das Treiben auf dem Wasser beobachten kann.

1

KM 3

TIEFWERDER WIESEN

Wasserbüffel mitten in der Stadt

2

KM 5

TEUFELSBERG

Ehemalige Abhöranlage der USA

3

KM 6

HAVELRADWEG

Traumhafter Radweg immer am Fluss entlang

Der Grunewald ist eines der größten Waldgebiete der Stadt und ideal, um dem Trubel der Stadt zu entkommen.

Aussicht von der Stößenseebrücke

4

KM 9

GRUNEWALDTURM

Tolle Aussicht über die Havel

5

KM 10

LINDWERDER

Glöckchen läuten, Fähre fahren

6

KM 15

STRANDBAD WANNSEE

Badesachen und Sonnencreme einpacken!.

Die ehemalige Abhörstation ist im Rahmen von Führungen zu besichtigen.

KM 3

Ausgangpunkt der Route ist der S-Bahnhof Stresow. Vom Bahnhofsgebäude kommend, fahren wir links unter der Bahntrasse hindurch und von der Ruhlebener Straße geradewegs zu den Tiefwerder Wiesen.

Tiefwerder Wiesen

1 **Die Tiefwerder Wiesen** sind ein natürliches Überschwemmungsgebiet. Um diese Wiesen feucht zu halten, werden hier seit einigen Jahren Wasserbüffel gehalten. Das Gebiet besticht durch seine Vielfältigkeit – sanfte Wiesen, natürliche Uferbereiche und weitläufige Auenlandschaften prägen die Umgebung. Die Grünflächen laden zum Picknicken ein. Südlich befindet sich die Halbinsel Pichselswerder. Die Straßen sind gesäumt von kleinen alten Fischerhäusern, dazwischen kann man Boote und Jachten sehen. Entlang des Stößensees gibt es hier auch zahlreiche schöne Badebuchten.

TRAUMHAFT

NATUR PUR

Auf der Stößenseebrücke hat man eine traumhafte Sicht auf den gleichnamigen See samt Jachthafen und üppiger Natur des Grunewaldes. Im Sommer tummeln sich hier allerhand Boote.

Idyllischer Rastplatz

KM 5

An der Heerstraße radeln wir nach links. Hinter der Stößenseebrücke biegen wir rechts in einen Weg ein und halten uns dann immer rechts, um zum Ufer des Stößensees zu kommen.

2 **Geschichtsinteressierte** können hier einen Abstecher zum Teufelsberg unternehmen. Er ist nicht nur die größte Erhebung Berlins, sondern auf ihm steht auch eine berühmte und inzwischen verfallene Abhöranlage als Zeugnis des Kalten Krieges. Dieser künstliche Berg, aufgeschüttet aus Trümmern des Zweiten Weltkriegs, erhebt sich majestätisch über die Stadt und bietet Besuchern einen atemberaubenden Panoramablick. Die ehemalige Abhöranlage der US-Besatzungsmacht kann auf eigene Faust oder im Rahmen einer Führung besichtigt werden. Eintrittskosten: fünf Euro.

Natur pur im Grunewald

KM 6

Der Stößensee ist mit der Havel verbunden, an der wir entlangradeln. Vorbei an zahlreichen Jachthäfen geht es immer Richtung Süden. Es ist idyllisch. Rechts die schönen Ausblicke auf die Havel, links das üppige Grün des Grunewaldes.

3 **Der Havelradweg** gilt als einer der schönsten Flussradwege in ganz Deutschland und, wie ich finde, zu Recht. Auf seinen 371 Kilometern bietet der Havelradweg eine tolle Mischung aus traumhafter Natur, sehenswerten Altstädten sowie den schönsten Schlössern Deutschlands. Der Radweg verläuft von der Quelle der Havel, nahe Ankershagen, bis zur Mündung bei Gnevsdorf. In diesem Buch ist auch eine andere Etappe des Havelradweges zu finden (Tour 8). Wer mag, kann diese Tour natürlich beliebig verlängern.

Im Seehotel Grunewald lässt es sich im Sommer wunderbar draußen sitzen und das bunte Treiben auf dem Wasser beobachten.

Grunewaldturm: lohnender Aufstieg

KM 9

Nach ca. zwei Kilometern biegen wir rechts in die Straße am Schildhorn ein. Ab hier radeln wir immer geradeaus am Wasser entlang.

4 **Der Grunewaldturm** ist nicht nur ein architektonisches Highlight, sondern auch ein Aussichtspunkt, der den Besuchern einen atemberaubenden Blick über die umliegende Landschaft bietet. Errichtet im Jahr 1897, reiht sich der Turm ein in die historische Tradition von Aussichtstürmen in Deutschland. Er ist 55 Meter hoch und mit seinen Türmchen und Spitzbogenfenstern ein tolles Beispiel der märkischen Backsteingotik. Im Innenraum steht eine lebensgroße Statue von Kaiser Wilhelm I, schließlich wurde der Turm ja auch zu seinen Ehren erbaut. Wer die 200 Stufen erklommen hat, wird mit einem Blick über die Havel und den Grunewald, bei gutem Wetter sogar bis nach Potsdam belohnt. Geöffnet: Mo–Do, 11–19 Uhr und Fr–So, 11–20 Uhr. Eintritt: fünf Euro. Im angrenzenden Restaurant Kaisergarten kann man sich stärken bei Schnitzel, Flammkuchen oder Salat. Auf der Sommerterrasse hat man einen traumhaftem Blick auf die Havel.

Nach Lindwerder kommt man nur mit einer Fähre.

Freizeitspaß an sommerlichen Wochenenden

KM 10

Die Radtour führt immer weiter gemütlich am Wasser entlang. Die großen Bäume des Grunewaldes spenden herrlichen Schatten und die Ausblicke auf die Havel sind traumhaft.

5 **Die winzige Insel** Lindwerder erstreckt sich über nur zwei Hektar entlang des Havelufers im Grunewald und verdankt ihren Namen vermutlich den vielen Linden, die auf diesem kleinen Eiland wachsen. Die Insel ist seit Ende des 19. Jahrhunderts ein beliebtes Ausflugsziel für die Berliner Bevölkerung. Auf der kleinen Insel scheint ein bisschen die Zeit stehen geblieben zu sein. Die vielen Linden auf der Insel spenden wunderbar Schatten und man kann es sich mit einer Picknickdecke gemütlich machen. Das Fahrrad ist hier nicht empfohlen. Neben einem Yachtclub bietet Lindwerder auch ein bekanntes Wochenendlokal. Es gibt deutsche Küche mit vielen Fisch-Gerichten zur Auswahl und natürlich tollem Ausblick auf die Havel. Und der Clou: Um vom Grunewald nach Lindwerder überzusetzen, muss man die Personenfähre mit einer Glocke herbeirufen. Die Strecke ist nicht weit, man könnte sogar fast schwimmen. Wahrlich ein einmaliges Erlebnis für Groß und Klein.

Strandbad Wannsee: fast wie Urlaub

»Pack die Badehose ein, nimm dein kleines Schwesterlein und dann nischt wie raus nach Wannsee!«

KM 15

Wir fahren immer weiter geradeaus. Hier werden wir mit tollen Ausblicken auf die Havel belohnt, zahlreiche Rastplätze laden zum Picknick ein.

6 **Zum Strandbad Wannsee** gelangen wir auf dem letzten Abschnitt der Tour. »Pack die Badehose ein, nimm dein kleines Schwesterlein und dann nischt wie raus nach Wannsee!« Diese Melodie ist wohl den meisten Berlinern bekannt. Bereits seit über 110 Jahren locken heiße Temperaturen die Berliner für Erholung und Baden ins schöne Strandbad Wannsee. Und das zu Recht. Das denkmalgeschützte Familienbad empfängt seine Besucher mit einem majestätischen Ausblick, sobald sie das Eingangsgebäude durchqueren. Mit Annehmlichkeiten wie Strandkorbverleih, Wasserrutsche und großflächigen Liegebereichen sowohl am Strand als auch im umliegenden Park bleiben hier keine Wünsche offen. An heißen Sommertagen tummeln sich bis zu 30.000 Badegäste auf dem Gelände. Das flache Ufer sowie Spielplatz und Trampolin-Stationen machen das Strandbad Wannsee besonders bei Familien beliebt. Am Imbiss kann man sich nach »anstrengendem« Baden und Schwimmen mit Freibad-Pommes stärken.Wer sich sportlich betätigen möchte, kann dies beim Volleyball, Fußball oder mit einem Leihboot tun. Hier kann man gut und gerne den ganzen Tag verbringen. Urlaubsfeeling garantiert!

Wir fahren vorbei am Strandbad Wannsee und biegen dann nach links in den Wannseebadweg ab. Die Tour endet am S-Bahnhof Nikolassee.

AUF EINEN BLICK

16 km

1:30 h

leicht

120 Hm

Ausgangs-/Endpunkt S-Bahnhof Stresow/S-Bahnhof Nikolassee

Anfahrt Bahn / Bus: Anreise S5 bis S-Bahnhof Stresow. Rückreise S1 und S7 ab S-Bahnhof Nikolassee

Wegbeschaffenheit Gut befahrbare Wege. Durch die kurze Distanz geeignet als Feierabendtour oder für Familien mit Kindern

10

EUROPARADWEG R1

VON TREPTOW BIS ERKNER

Der Europaradweg R1 ist ein Netzwerk von Radwegen, das die Möglichkeit bietet, den europäischen Kontinent auf zwei Rädern zu erkunden. Die Wege erstrecken sich von Moskau bis nach London und führen auf über 5000 Kilometern durch insgesamt zehn Länder, darunter Russland, Estland, Polen, Deutschland, Belgien und England. Auf diesen Touren gelangt man in pulsierende Städte, malerische Dörfer, idyllische Landschaften und zu historisch bedeutsamen Orten – die Vielfalt Europas lässt sich so auf eine besondere Art und Weise erleben. Man radelt vorbei am Kölner Dom, den Windmühlen in den Niederlanden oder den Klippen von Dover. Die Infrastruktur ist sehr gut, es befinden sich Rastplätze, Unterkünfte und Fahrradwerkstätten entlang der Strecke. Auf unserer Etappe durch Berlin fahren wir von Treptow nach Erkner vorbei an Spree, Müggel- und Dämeritzsee. Es wird also wunderbar grün und idyllisch.

1

KM 1

TREPTOWER PARK

Unterwegs zur grünen Oase an der Spree

2

KM 5

SPREEPARK

Im verlassenen Freizeitpark

3

KM 7

FEZ

Viele Angebote für Groß und Klein

Picknicken auf der Insel der Jugend

4

KM 12

SCHLOSS KÖPENICK

Majestätisches Juwel an der Dahme

5

KM 19

MÜGGELSEE

Badesachen nicht vergessen

6

KM 26

NEU VENEDIG

Atmosphäre wie in Bella Italia

Die schöne Abteibrücke zur Insel der Jugend

KM 1

Wir starten am S-Bahnhof Treptower Park. Wir verlassen das Bahnhofsgebäude und radeln links auf die Puschkinallee. Alternativ kann man auch durch den Park radeln.

In der Wuhlheide

1 **Der Treptower Park** in Berlin ist eine grüne Oase direkt an der Spree. Der Park ist riesig und ich bin hier gern und oft. Die weitläufigen Liegewiesen laden zu Picknicks, Federball oder Frisbee ein. Der Ausblick auf die Spree wird hier einfach nie langweilig. Ein Spaziergang über die schöne Abteibrücke zur Insel der Jugend ist zu allen Jahreszeiten traumhaft. Im Inselgarten gibt es eine vielfältige Getränkeauswahl und regionale Speisen – der Spreeblick ist inklusive. Auf der anderen Seite des Parks steht das imposante Sowjetische Ehrenmal, das an die gefallenen sowjetischen Soldaten während des Zweiten Weltkriegs erinnert. Als Highlight

TRAUMHAFT

WALDGEBIET

Die Wuhlheide ist eines der tollen Waldgebiete auf dieser Radtour. Es ist dort alles sehr naturbelassen und die großen Bäume spenden Schatten an heißen Sommertagen.

kann man im Park eine Dampferfahrt auf der Spree unternehmen. Was touristisch klingt, ist jedoch auch für Berliner sehr empfehlenswert. Die Stadt sieht vom Wasser einfach nochmal ganz anders aus und der Fahrtwind verschafft Abkühlung an heißen Tagen.

Idylle in Neu-Venedig

KM 5

Wenn die Straße eine Kurve macht, radeln wir links in die Bulgarische Straße und dann rechts in den Park hinein. Vorbei am ehemaligen Freizeitpark »Spreepark«.

2 **Der »VEB Kulturpark Berlin«,** wie der Spreepark offiziell hieß, wurde 1969 anlässlich des 20. Geburtstags der DDR im Norden des Plänterwalds eröffnet. Er war der erste und einzige Vergnügungspark der DDR. Das damalige Angebot umfasste nicht nur Karussellfahrten, sondern auch große Konzerte sowie Kinder- und Tanzveranstaltungen. Die Hauptattraktion war das weithin sichtbare 45 Meter hohe Riesenrad und jährlich besuchten etwa 1,7 Millionen Menschen den Park. Nach der Wende übernahm die Familie Witte das Gelände und gestaltete es umfassend neu. Ende der 1990er-Jahre nahmen die Besucherzahlen jedoch stetig ab, die Familie musste 2001 Insolvenz anmelden und der Park wurde geschlossen. 2016 übernahm das Unternehmen »Grün Berlin« den ehemaligen Freizeitpark. Es soll nun ein neuer öffentlicher Park entstehen, der noch existierende Fahrgeschäfte inkludiert und Kunst, Kultur und Natur miteinander vereint. Die Neueröffnung ist derzeit für 2026 geplant.

Riesenrad im ehemaligen Spreepark

Das Unternehmen »Grün Berlin« bietet Führungen durch den Spreepark an Wochenenden und Feiertagen nach Voranmeldung an.

Sommertage am Müggelsee

KM 7

Nach etwa zwei Kilometern folgen wir hinter dem Spreepark linker Hand dem Schild zur Fähre. Die Fähre F11 der BVG verbindet hier den Plänterwald mit der Wuhlheide auf der anderen Seite. Nach dem Übersetzen radeln wir geradeaus, an der Nalepastraße schräg rechts und dann weiter geradeaus auf den Fritz-König-Weg und weiter in die Wuhlheide hinein. Auf dem Hegemeisterweg schwenken wir nach rechts.

3 **Das FEZ-Berlin** ist ein vielfältiger Spiel-, Lern- und Erlebnisort in Berlin. Auf fast 200.000 Quadratmetern In- und Outdoor-Fläche hat man die Wahl zwischen diversen Spielorten sowie Bildungs- und Kulturangeboten für alle Altersstufen. An einem kleinen Badesee kann man im Sommer Abkühlung finden. Das FEZ wurde 1979 als Pionierpalast in der ehemaligen DDR eröffnet und blieb nach der Wende bestehen. Es hat sich bis heute zu Europas größtem gemeinnützigen Kinder-, Jugend- und Familienzentrum entwickelt. Ein Highlight für Groß und Klein ist das Raumfahrtzentrum, orbitall in dem Interessierte erfahren, wie Astronauten sich auf den Flug vorbereiten und wie sie auf der Internationalen Raumstation leben. Mehr Infos: www.fez-berlin.de. Im Café Alfons kann man zudem eine Sattelpause einlegen und aus wechselnden Speisen wählen.

FEZ-Berlin: Europas größtes Kinder-, Jugend- und Familienzentrum

Schloss Köpenick

KM 12

Wir radeln bis zum Ende der Straße und dann rechts auf die Straße Wasserwerk an der Wuhlheide. Danach fahren wir gleich links auf das Eichengestell. Hinter dem Waldfriedhof schwenken wir nach rechts und dann nach links auf die Straße An der Wuhlheide. Hinter der Bahntrasse geht es rechts über die Brücke und dahinter biegen wir links auf den Eiselenweg ab. An der nächsten Kreuzung biegen wir links ein und wechseln rechts auf den Uferweg. Wir folgen dem Weg, später fahren wir links über die Lange Brücke und vorbei am Schloss Köpenick.

4 **Schloss Köpenick**, majestätisch an den Ufern der Dahme in Berlin gelegen, erhebt sich wie ein zeitloses Wahrzeichen der Stadt. Dieses prachtvolle Schloss, erbaut im 17. Jahrhundert unter der Herrschaft des Kurfürsten Friedrich Wilhelm, beeindruckt mit seiner prachtvollen Renaissance-Architektur. Besucher können aufwendig gestaltete Räume, kunstvolle Deckengemälde und kostbare Möbel bewundern. Öffnungszeiten: Di–So, 11–18 Uhr. Das Schlosscafé bittet sonntags zum Brunch.

KM 19

Wir radeln nun geradeaus. An der Kreuzung zur Pablo-Neruda-Straße fahren wir auf der anderen Straßenseite auf einen Radweg. Hinter dem Krankenhaus fahren wir links und dann rechts auf die Pablo-Neruda-Straße. Es geht geradewegs in ein schönes Waldgebiet hinein. Wir radeln bis zu dessen Ende und schwenken dann rechts auf den Uferweg.

Schöne Ausblicke auf den Müggelsee

Bei Spreepoint am Müggelsee kann man sich Paddleboards und Boote ausleihen, um über den Müggelsee zu schippern.

TRAUMHAFT

VENEDIG IN BERLIN

Wenn man durch Neu-Venedig spaziert oder radelt, kommt irgendwie gleich Italien-Feeling auf. Die kleinen Kanäle und hübschen Häuser haben einen ganz besonderen Charme.

5 **Der Müggelsee** ist mit 7,7 Quadratkilometern und einer Uferlinie von fast 15 Kilometern der größte See in Berlin. Entlang des Ufers gibt es immer wieder kleine Buchten, die zum Picknicken oder Baden einladen. Badesachen und Proviant nicht vergessen! Alternativ kann man auch im Ausflugslokal Rübezahl eine Pause einlegen und das Treiben auf dem See beobachten. Auf der anderen Uferseite befindet sich das Strandbad Müggelsee, das bereits seit Anfang des 20. Jahrhunderts Badegäste empfängt und bei Berlinern und Touristen gleichermaßen beliebt ist.

KM 26

Wir folgen weiter der Beschilderung des R1 durch ein traumhaftes Waldgebiet, fahren vorbei am Kleinen Müggelsee und immer geradeaus zur Triglawbrücke.

6 **Ein Abstecher** nach Neu-Venedig lohnt sich hier. Dies ist eine malerische Häusersiedlung mit kleinen Kanälen und Brücken – eben wie in Venedig. Die Straßen tragen so schöne Namen wie Hechtweg, Lachsfang oder Aalstieg. Charakteristisch sind die liebevoll restaurierten Boathouses und pittoreske Holzhäuser, die entlang der Uferpromenaden stehen und einen idyllischen Anblick bieten. Die Geschichte der Siedlung reicht bis 1890 zurück, seit 1928 stehen hier Häuser und Villen. Eine Gaststätte, benannt wie das Areal selbst, bietet hungrigen Ausflüglern gutbürgerliche Küche und einen großen Garten direkt am Wasser.

Wir folgen der Beschilderung des R1 und biegen an der Fürstenwalder Allee rechts ab. Am Kreisverkehr nehmen wir die zweite Ausfahrt zum Bahnhof Erkner.

AUF EINEN BLICK
Ausgangs-/Endpunkt Bahnhof Treptower Park/Bahnhof Erkner
Anfahrt Bahn/Bus: S2, S8, S9, S41, S42 und S85 bis S-Bahnhof Treptower Park. S3 und Regionalverkehr ab S-Bahnhof Erkner.
Wegbeschaffenheit Radtour auf gutem Untergrund, zahlreiche Picknick-Möglichkeiten
29 km
100 Hm
2:00 h
leicht
Lichtenberg
Hellersdorf
Friedrichs-hain
Biesdorf
Kaulsdorf
Mahlsdorf
1
5
A
1
Treptower Park
Zenner Biergarten
2
Biergarten zum Anleger
Spreepark
Erpe
FEZ
3
Oberschöne-weide
Der Waldkater Biergarten
100
Johannisthal
96a
Adlershof
Schloss Köpenick
4
Biergarten Freiheit
Köpenick
Köpenicker Seeterassen
Spree
Friedrichshagen
Großer Müggelsee
Rahnsdorf
5
Rübezahl am Müggelsee
Restaurant Neu-Helgoland
Neu-Venedig
6
Woltersdorf
Erkner
E
Dämeritz-see
Eiscafé Bürgerle
Grünau
Müggelheim
Altglienicke
Rudow
Bohnsdorf
Langer See
2 km

11

UNTERWEGS ZU BERLINS DORFKERNEN

RUHEOASEN IN DER GROSSSTADT

Berlin verändert sich rasant. Radelt man mal gefühlt zwei Wochen an einer Straße nicht entlang, ist dort eine Baustelle, wurde ein Haus abgerissen oder es steht schon ein Rohbau. Und doch gibt es Gegenden, wo die Zeit stehen geblieben zu sein scheint und wo Berlin tatsächlich noch Dorfcharakter hat. Denn es bestehen tatsächlich noch eine ganze Reihe alter Dorfkerne, teils mit Dorfkirche, Dorfkrug, Kopfsteinpflasterstraßen und zuckersüßen alten Häusern. Solchen Oasen der Ruhe bin ich auf meinen vielen Radtouren durch die Stadt meist durch Zufall begegnet – oftmals, wenn ich von einer vielbefahrenen Straße abgebogen bin. Ein ums andere Mal fiel ich beinahe vom Glauben ab, denn sie wirken fast unwirklich und sind einfach wunderbar. Auf dieser Radtour besuchen wir vier alte Dorfkerne von Mahlsdorf bis Marzahn. Teils noch mit Dorfanger, Kirche und Wirtshaus. Wo die Zeit stehen geblieben ist.

1

KM 1

GUTSHAUS MAHLSDORF

Kurioses aus der Gründerzeit

2

KM 3

KAULSDORFER SEEN

Gewässer, viel Grün und tiefer Wald

3

KM 4

ALT-KAULSDORF

Ein typischer Berliner Dorfanger

Hinter dem Gutshaus Mahlsdorf führt ein Wanderweg zum Berliner Balkon mit einer tollen Aussicht auf die Umgebung.

Felder und Wiesen am Berliner Balkon

4

KM 11

DÖRFLICHES ALT-HÖNOW

Mehr als nur Plattenbauten

5

KM 17

WUHLETALWEG

Natur pur in Marzahn-Hellersdorf

6

KM 19

ALT-MARZAHN

Lebendige Kultur in historischem Flair

FOTO STOPP

Ist das noch Berlin? Windmühle in Alt-Marzahn

KM 1

Start der Tour ist am S-Bahnhof Mahlsdorf. Wir biegen rechts in die Hönower Straße ein, nach 1200 Metern befindet sich rechts das alte Gutshaus Mahlsdorf samt Gutspark.

Gutshaus Mahlsdorf

1 Das 200-jährige Gutshaus Mahlsdorf ist das zweitälteste erhaltene Gebäude im Ortskern, nur die mittelalterliche Dorfkirche ist älter. Mit dem Gutspark bildet es ein sehenswertes Gesamtensemble, für das es sich lohnt, vom Sattel zu steigen. Über die Jahrzehnte wurde es immer wieder umgebaut und erweitert. Seit 1960 befindet sich im Gutshaus Mahlsdorf ein Gründerzeitmuseum, das von der Transfrau Charlotte von Mahlsdorf gegründet wurde und allerlei Gegenstände und Möbel aus dem 19. Jahrhundert beherbergt. Das Museum kann nur im Rahmen einer Führung besichtigt werden. Öffnungszeiten: Mi–So, 10–18 Uhr.

TRAUMHAFT

Berliner Skyline

An der Raoul-Wallenberg-Straße 42 befindet sich der degewo-Skywalk mit einer atemberaubenden Aussicht über Berlin und Umgebung. Infos zur kostenlosen Führung: www.degewo.de

KM 3

Vom Gutshaus radeln wir links auf den Hultschiner Damm und erneut links auf die Straße Alt-Mahlsdorf. Wir fahren immer geradeaus.

2 **Die Kaulsdorfer Seen** sind ein 94 Hektar großes Landschaftsschutzgebiet südlich der Straße Alt-Mahlsdorf. Zu ihm gehören der Butzer See, der Elsensee sowie der Habermannsee. Umgeben ist das Gebiet von einem weitläufigen Waldgebiet, in dem Seen Aale und Hechte zu finden sind. Hundebesitzer, Ausflügler und Radfahrer tummeln sich hier zu allen Jahreszeiten. Butzer See und Habermannsee sind als Trinkwasserschutzgebiete ausgewiesen, daher ist Baden leider verboten. Um die Seen herum befinden sich mehrere Wanderwege mit viel Natur.

Alt-Kaulsdorf

KM 4

Es geht weiter geradeaus und an der Dorfstraße schwenken wir nach rechts zum Dorfanger Alt-Kaulsdorf.

3 **Im alten Ortskern** von Alt-Kaulsdorf kann man noch gut den typischen Dorfanger-Charakter erkennen. In der Mitte thront die Dorfkirche mit rotem Backsteinturm, ringsherum reihen sich alte Bauernhäuser und Vierseitenhöfe aneinander, die auch heute noch gut erhalten sind. Von der viel befahrenen B1 ist hier kaum noch etwas zu hören. Im 13. Jahrhundert gegründet, hat sich der Ort seine ursprüngliche Form als Dorfanger bewahrt. Alljährlich organisiert der Heimatverein Marzahn-Hellersdorf den Weihnachtsmarkt auf dem Dorfanger Alt-Kaulsdorf. Dessen Angebot reicht von Trödel, Spielsachen und Kunstgewerbe bis zu Speisen und Getränken.

Kaulsdorfer Seen

Die Hönower Weiherkette ist ein idyllisches Waldgebiet mit Wanderwegen, Spielplatz und Lerntafeln.

KM 11

Wir radeln einmal durch den Dorfkern und biegen an dessen Ende rechts ein auf die Brodauer Straße. Am Bahnhof Kaulsdorf nutzen wir linker Hand die Umfahrung und fahren auf der Heinrich-Grüber-Straße weiter. Wir folgen dem Straßenverlauf und biegen an der Hönower Straße links ein. Dann radeln wir immer geradeaus bis nach Alt-Hönow.

4 **Den meisten ist Hönow** vielleicht nur als Endhaltestelle der U-Bahnlinie U5 bekannt. Tatsächlich hat der Ortsteil neben den Plattenbauten aber auch viel Natur und einen kleinen alten Dorfkern zu bieten. Erstmals tauchte das Dorf in schriftlichen Aufzeichnungen um 1377 auf. Dennoch deuten zahlreiche Bodendenkmäler darauf hin, dass die Besiedelung des Gebiets wesentlich früher stattfand. Es wird vermutet, dass der Ort von westslawischen Siedlern, den Wenden, als sogenannter Rundling gegründet wurde. Auch hier ist der typische Dorfcharakter erhalten geblieben. Zentrum ist die schöne Dorfkirche Hönow.

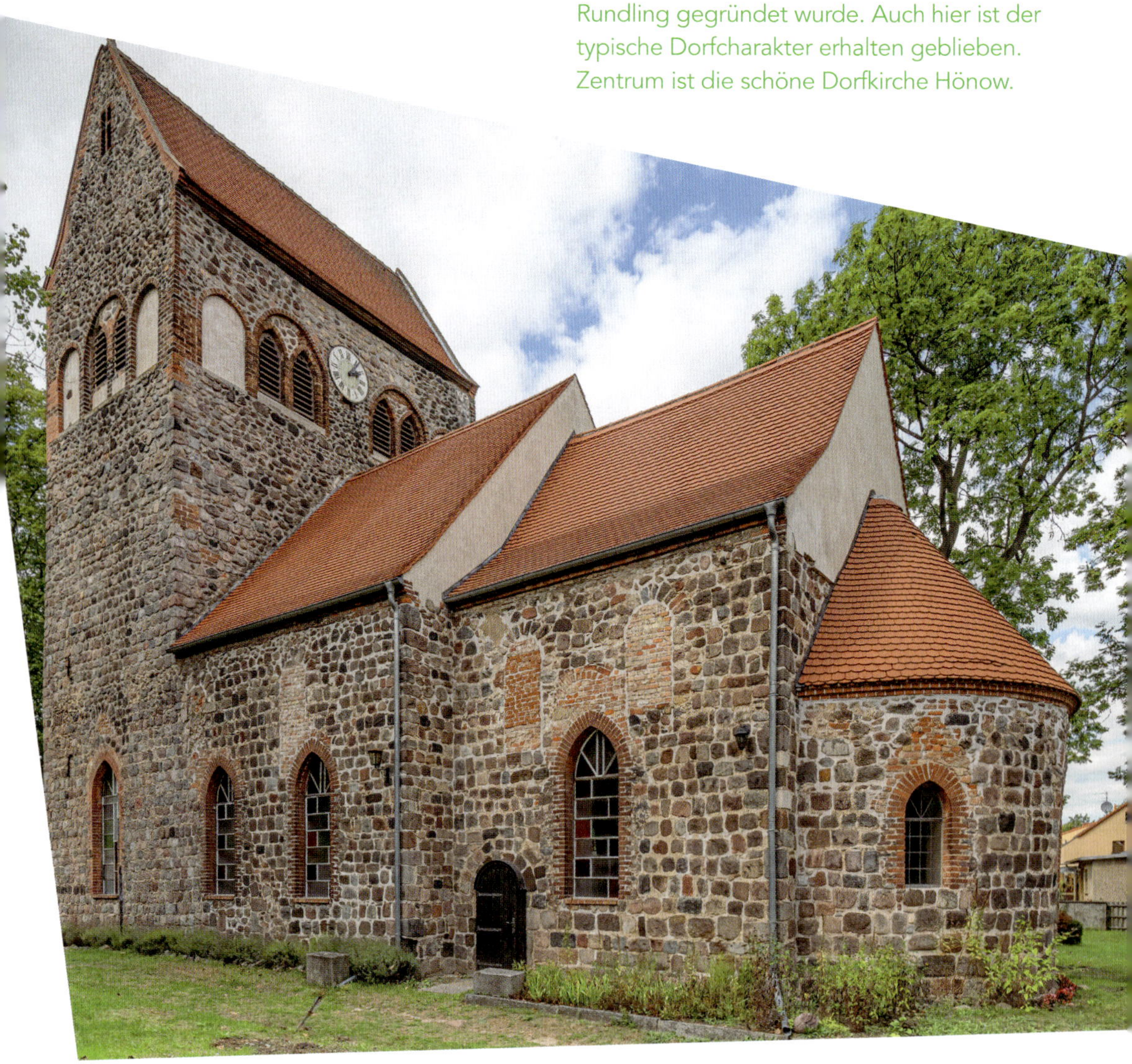

Feldsteinkirche in Alt-Hönow

Auf dem Wuhletalweg

KM 17

Wir kehren wieder um und überqueren die Altlandsberger Chaussee. Dahinter schwenken wir nach rechts auf die Böhlener Straße. An der Louis-Lewin-Straße biegen wir rechts ab und dann gleich links auf die Quedlinburger Straße. An deren Ende biegen wir rechts auf die Stendaler Straße ein und fahren an der Zossener Straße nach links. Wir fahren bis zum Ende der Straße und an der Landsberger Allee biegen wir links ab.

5 **Von der Quelle** in Ahrensfelde führt der Wuhletalweg auf 16 Kilometern größtenteils immer entlang des kleinen Flusses vorbei an Marzahn, Hellersdorf, Kaulsdorf und Biesdorf bis zur Mündung in Köpenick. In den letzten Jahren wurde hier viel gebaut und große Teile der Wege sind asphaltiert oder betoniert. Es radelt sich also ganz wunderbar, zudem gibt es Spielplätze und Picknickbänke für eine Sattelpause. Noch bis in die 1980er-Jahre wurde die Wuhle hauptsächlich als Abwasserkanal genutzt. Heute ist sie ein sauberer Bach, in und an dem sich kleine Fische, Insekten und Vogelarten tummeln. Der Wuhletalweg verläuft mal rechts, mal links entlang der Wuhle und zeigt, wie erstaunlich grün es in Marzahn-Hellersdorf sein kann. Man kann ganz bequem der lückenlosen Beschilderung folgen. Der Wuhletalweg ist eine meiner Lieblings-Radtouren in Berlin und ist zu allen Jahreszeiten gut zu beradeln. Empfehlenswert ist es in Ahrensfelde zu starten und im schönen Köpenick bei Eis oder Kuchen mit Blick auf die Dahme zu enden.

Dorfidylle in Alt-Marzahn

Im KulturGut Marzahn kann man den Bauerngarten bestaunen und bei Führungen einiges über Obst, Gemüse und Kräuter lernen.

TRAUMHAFT

DORFIDYLL

Alt-Kaulsdorf ist einer von 25 alten Dorfkernen in Berlin und bezaubert mit seiner idyllischen Atmosphäre. Der ursprüngliche Dorfcharakter ist bis heute erhalten geblieben.

KM 19

Immer geradeaus und an der Allee der Kosmonauten ebenfalls links. Die Bockwindmühle Marzahn verrät es schon, wir sind in Alt-Marzahn. An der Straße Hinter der Mühle biegen wir rechts ab.

6 **Alt-Marzahn** mit der berühmten Bockwindmühle ist der wohl bekannteste noch erhaltene Dorfanger in Berlin. Und die Mühle mahlt sogar noch! Auf einer Führung kann man Interessantes über den Weg vom Korn zum Brot erfahren. In der Mitte des Dorfangers erhebt sich die alte Dorfkirche aus der Spätrenaissance. Im Gebäude der alten Dorfschule befindet sich heute ein kleines Bezirksmuseum. Im Tierhof Alt-Marzahn werden Nutztiere und seltene Haustierrassen gezüchtet und gehalten. In der Keramikwerkstatt »Schamottchen« gibt es handgefertigte Fliesen, Schalen und Töpfe und im Landhaus Marzahner Krug werden zünftige Speisen serviert. Alt-Marzahn ist ein tolles Beispiel dafür, wie der alte Dorfcharakter nicht nur architektonisch, sondern auch kulturell erhalten blieb.

Am Ende des Dorfangers zweigt rechts ein Fußweg ab. Wir folgen diesem und schwenken an der Tram-Haltestelle Freizeitforum Marzahn nach rechts und dann gleich nach links auf die Raoul-Wallenberg-Straße ein. An der großen Kreuzung biegen wir links ab zum Bahnhof Raoul-Wallenberg-Straße. Wer möchte, kann die Tour noch verlängern nach Alt-Wartenberg und zur Wartenberger Feldmark. Dazu muss man am Bahnhof rechts radeln und auf der Bitterfelder Straße nach links abbiegen. Dann fährt man immer geradeaus und biegt an der Ernst-Barlach-Straße rechts ab.

AUF EINEN BLICK

20 km

2:30 h

schwer

70 Hm

Ausgangs-/Endpunkt Bahnhof Mahlsdorf/Bahnhof Raoul-Wallenberg-Straße

Anfahrt Bahn / Bus: Tram 62 und 63 sowie S5 zum Bahnhof Mahlsdorf. S7 ab Raoul-Wallenberg-Straße.

Wegbeschaffenheit Kombination aus Fahrradwegen, großen Straßen und Kopfsteinpflasterwegen

12

VON DER SCHLOSSSTRASSE ZUR STADTGRENZE

ARCHITEKTUR UND KIRSCHBLÜTEN

Diese Radtour ist besonders schön an Sonntagen, wenn die Schloßstraße wunderbar leer ist und die beschaulichen Villengegenden in Lichterfelde noch beschaulicher sind. Wir fahren durch Grünanlagen und vorbei an architektonischen Highlights und gewinnen so einen tollen Überblick über den Bezirk Steglitz im Süden der Stadt. Es geht dabei durch den Volkspark Steglitz, entlang des Teltowkanals durch die Villenkolonie Lichterfelde und zum Botanischen Garten. Der Clou: Die Tour führt gleich zu zwei Orten in Berlin, an denen man die Kirschblüte in ihrer vollen Pracht erleben kann. Zum einen radeln wir entlang des ehemaligen Grenzstreifens in Lichterfelde. Dort entstand die längste Kirschbaumallee in Berlin und Brandenburg. Zum anderen liegt der Lilienthalpark mit seinen Kirschbäumen auf unserer Route. Deshalb ist dieser Radausflug ideal für den Frühling.

1

KM 3

ARCHITEKTUR-MIX

Buntes Potpourri aus Altem und Neuem

2

KM 6

BOTANISCHER GARTEN

Sich im Tropenhaus wie im Regenwald fühlen

3

KM 8

VILLENKOLONIE

Eine der ältesten Villengegenden der Stadt

Villenkolonie in Lichterfelde-West

4

KM 14

TELTOWKANAL

Wunderbare Wege entlang des Ufers

5

KM 16

KIRSCHBLUTEN

Im Frühling erstrahlen hier die rosa Blüten.

6

KM 19

LILIENTHALPARK

Die Geschichte der Fliegerei erleben

FOTO STOPP

Kirschblüte im Lilienthalpark

KM 3

Los geht es am S-Bahnhof Feuerbachstraße. Über die gleichnamige Straße fahren wir von dort links auf die Schloßstraße. An der Ahornstraße schwenken wir nach rechts und radeln weiter auf der Forststraße. An der Paulsenstraße biegen wir links und an der Grillparzerstraße rechts ab. Links führt ein Fußweg in eine schöne Wohnsiedlung. Am Ende fahren wir rechts zum Gustav-Mahler-Platz, davor biegen wir links ab und an der Königin-Luise-Straße schwenken wir abermals nach links.

Der hübsch-hässliche Bierpinsel

1 Wunderschöne Altbauten stehen hier gegenüber von Häusern aus den 1970er-Jahren. An der Grillparzer Straße stoßen wir auf beschauliche Einfamilienhaus-Siedlungen samt Kopfsteinpflasterstraße. Die Idylle ist perfekt. Ein Stück weiter befindet sich die Wohnsiedlung Steglitz II, die ein frühes

TRAUMHAFT

TELTOWKANAL

Entlang des Teltowkanals lässt es sich wunderbar radeln – vom Griebnitzsee bis zur Dahme. Eine schöne Radtour, die auch für Familien geeignet ist.

Beispiel für eine großstädtische Siedlungsanlage darstellt. Die Eingänge und Fassaden der Bauten gestaltete der Bildhauer Walter Schmarje. Dieses Viertel ist ein wahres Potpourri unterschiedlicher architektonischer Stile. Architektur-Liebhabern sei empfohlen, sich in den kleinen Straßen hier treiben zu lassen. Fahrrad stehen lassen und los geht's. Daher ist es ratsam, vielleicht ein bisschen mehr Zeit einzuplanen.

KM 6

Aus der Königin-Luise-Straße wird dann die Grunewaldstraße, der wir weiter folgen. Hinter dem Charkiew-Park radelt man rechts auf die Schloßstraße und weiter geradeaus auf die Straße Unter den Eichen. Rechts befindet sich der Botanische Garten. Am besten vom Fahrrad absteigen und durch den Park spazieren.

Historische Villen in Lichterfelde

Botanischer Garten

2 **Der Botanische Garten** zählt mit einer Fläche von über 40 Hektar zu den größten seiner Art weltweit und ist zu allen Jahreszeiten einen Besuch wert. Er beherbergt eine beeindruckende Sammlung von Pflanzen aus allen Ecken der Erde. Die verschiedenen Bereiche des Gartens bieten eine eindrucksvolle Palette von Landschaften, darunter Gewächshäuser mit exotischen Pflanzen, alpine Hügel, Rhododendrontäler und mediterrane Gärten. Ein Highlight ist das Tropenhaus, das eine üppige und feuchte Umgebung schafft, in der Besucher sich wie in den Regenwäldern der Erde fühlen können. Hier gedeihen Palmen, Orchideen, Farne und viele andere tropische Pflanzen in ihrer natürlichen Umgebung. Das Restaurant Landhaus oder das Café Victoria sorgen für das leibliche Wohl der Besucher.

Die Internetseite www.tourismus-suedwest.berlin bietet einen informativen Audiowalk zur Villenkolonie Lichterfelde-West.

Wohnsiedlung Steglitz II

KM 8

Wir radeln weiter bis zur Drakestraße. Hier biegen wir links ab und fahren dann gleich wieder links auf die Baseler Straße und damit geradewegs in die Villenkolonie Lichterfelde-West. Wir radeln rechts auf die Friedrichstraße und dann links auf die Kommandantenstraße. Am Weddigenweg biegen wir links ab und fahren über Paulinen- und Holbeinstraße zurück zur Drakestraße.

3 **An der Baseler Straße** mit ihrem Kopfsteinpflaster zeugen die typischen Lichterfelder Villen mit ihren Spitzgiebeln und Türmchen von den Repräsentationsansprüchen des Bürgertums in der damaligen Zeit. Es geht nun kreuz und quer durch die Villenkolonie Lichterfelde-West, die in den 1860er-Jahren von dem Hamburger Unternehmer Johann Anton Wilhelm Carstenn angelegt wurde. Sie ist damit eine der ältesten Villengegenden der Stadt. Ein Anwesen ist hier wahrlich schöner als das andere.

KM 14

An der Karwendelstraße biegen wir rechts ab und an der Baseler Straße schwenken wir nach links. Hier geht es vorbei am schönen Parkfriedhof Lichterfelde und weiter zum Teltowkanal.

Entlang des Teltowkanals führt ebenfalls ein toller Radweg

10.000 Kirschbäume entlang des Berliner Mauerweges im Südwesten der Stadt

4 **Der Teltowkanal** ist ein bedeutendes Gewässer im Süden Berlins, das die Havel mit der Dahme verbindet. Der Kanal erstreckt sich über eine Länge von ca. 38 Kilometern und diente bei der Errichtung Ende des 19. Jahrhunderts vor allem der Schifffahrt. Mit der Zeit verlor der Kanal jedoch zusehends an Bedeutung für die Güterschifffahrt. Heute erfreuen sich Wanderer und Radfahrer gleichermaßen an den gut ausgebauten Wegen entlang des Ufers. Man findet hier malerische Uferabschnitte, die von Bäumen gesäumt sind, sowie Bereiche, die an die industrielle Vergangenheit des Kanals erinnern. In den letzten Jahren wurden verschiedene Initiativen gestartet, um den Teltowkanal ökologisch aufzuwerten und die Uferzonen naturnah zu gestalten.

KM 16

Hinter der Brücke biegen wir rechts ab. Hier geht es ein Stück entlang des Ufers des Teltowkanals durch das NSG Lichterfelde-Süd und dann weiter auf der Paul-Gerhardt-Straße geradewegs auf den Berliner Mauerweg zu.

5 **Auf dem Mauerweg** im früheren Grenzgebiet zwischen Ost- und Westberlin kann man im Frühjahr auf einigen hundert Metern die Kirschblüten bewundern. Zwischen Teltow und Lichterfelde-Süd befindet sich die TV-Asahi-Kirschblütenallee mit über 1000 Bäumen. Die TV Asahi Group hatte zum Fall der Berliner Mauer im November 1989 in Japan zu Spenden aufgerufen. Das Geld wurde dafür genutzt, rund 10.000 Kirschbäume in Berlin und Brandenburg anzupflanzen, von deren Blütenpracht man sich nun alljährlich verzaubern lassen kann.

Wenn die Kirschbäume blühen, naht der Frühling.

Die Berliner Kirschblüte lässt sich von März bis April erleben. Den genauen Zeitpunkt sollten Sie vorher recherchieren.

TRAUMHAFT

KIRSCHBLÜTE

Diese Tour eignet sich besonders für den Frühling, wenn an der TV-Asahi-Kirschblütenallee die Bäume mit ihren rosa Blüten den Frühling einläuten.

KM 19

Wir radeln ein Stück auf dem Berliner Mauerweg und folgen der Beschilderung. An der Schütte-Lanz-Straße schwenken wir nach links. Nach etwa 500 Metern befindet sich rechter Hand der Lilienthalpark.

6 Der Lilienthalpark wurde nach dem Luftfahrtpionier Otto Lilienthal benannt. Der Park gehörte einst zum Lilienthal'schen Gutsbetrieb. Zentrum ist der Fliegeberg, der sich auf fast 60 Meter Höhe im Herzen des Parks erhebt. Von diesem führte Lilienthal tausende Gleitflüge mit Flugweiten von bis zu 80 Metern mit seinem Segelapparat durch. Heute lädt der Park mit seinen weitläufigen Rasenflächen, Baumalleen und einem Teich zum Verweilen oder Picknicken ein. Besonders beliebt sind die zahlreichen Spazierwege, die durch das Grün führen und eine angenehme Flucht aus dem städtischen Trubel ermöglichen. Auch hier gibt es im Frühling eine rosa Blütenpracht zu bestaunen.

Wir radeln weiter auf der Schütte-Lanz-Straße bis zum Oberhofer Platz. Dort nehmen wir die vierte Ausfahrt und radeln geradeaus. An der Marienstraße biegen wir rechts ab und an deren Ende schwenken wir nach links. Am Ostpreußendamm fahren wir rechts und gleich wieder links über den Teltowkanal. Am Ende radeln wir rechts und dann wieder rechts in den Schlosspark Lichterfelde. Wir radeln links entlang des Teltowkanals und weiter in den Stadtpark Steglitz. Wir fahren einmal gerade durch und kurz vor dem Ende biegen wir links ab zur Sedanstraße. Dort schwenken wir nach rechts. Ab hier fahren wir immer geradeaus bis zur Feuerbachstraße und zum Bahnhof.

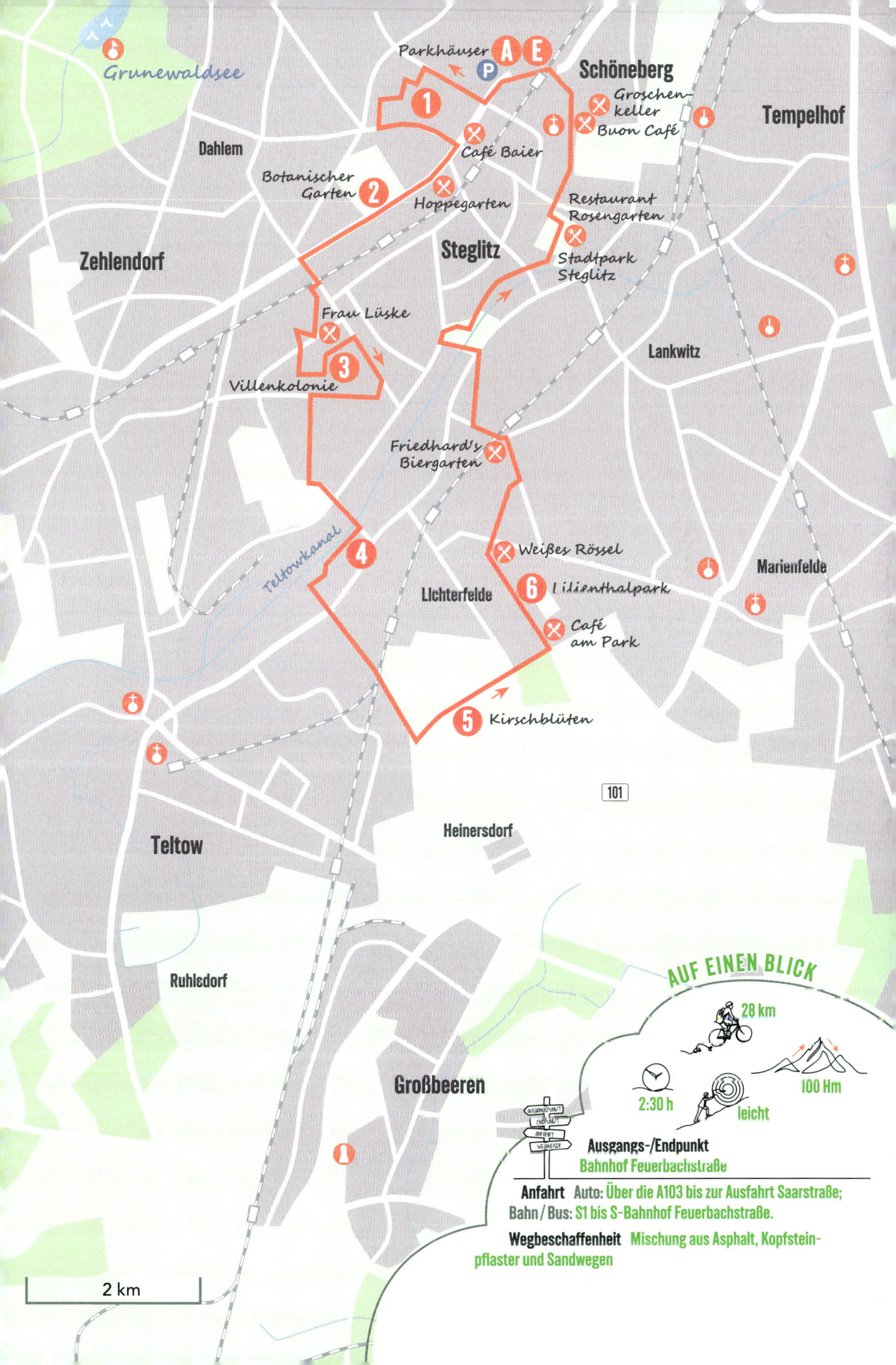

AUF EINEN BLICK

28 km

2:30 h

leicht

100 Hm

Ausgangs-/Endpunkt Bahnhof Feuerbachstraße

Anfahrt Auto: Über die A103 bis zur Ausfahrt Saarstraße; **Bahn/Bus:** S1 bis S-Bahnhof Feuerbachstraße.

Wegbeschaffenheit Mischung aus Asphalt, Kopfsteinpflaster und Sandwegen

13

PANORAMAWEG WERDER

KULINARISCHE HAVELLAND-TOUR

Der Panoramaweg Werderobst verläuft über eine Strecke von etwa 16 Kilometern und bietet das ganze Jahr über eine malerische Kulisse – sei es während der Baumblüte oder zur Erntezeit, wenn die Obstbäume reichlich Früchte tragen. Entlang des Weges präsentieren kleine Manufakturen und Hofläden eine Vielfalt an Produkten rund um das Obst aus der Region. Von köstlichen Marmeladen über aromatische Essige bis hin zu exquisiten Likören und Chutneys – hier findet man alles, was das Herz begehrt. Besonders herausragend sind die Obstweine, eine einzigartige Spezialität dieser Region, hergestellt aus Erdbeeren, Kirschen, Heidelbeeren, Äpfeln und Birnen. Der Panoramaweg Werderobst lässt uns somit nicht nur die idyllische Natur der Region, sondern auch deren kulinarische Schätze entdecken. Diese Radtour führt vom Bahnhof Potsdam nach Groß Kreutz.

1

KM 1

MUSEUMSSPASS

Für jeden Geschmack etwas dabei

2

KM 6

POTSDAMER WASSERTAXI

Günstig über den See schippern

3

KM 16

STRAUSSE »WEINTIENE«

Weinberg mitten im Havelland

Der schöne Biergarten Baumgartenbrück liegt direkt am Ufer der Havel und lädt zu einer Pause bei zünftigen Speisen ein.

Biergarten Baumgartenbrück

4

KM 22

TANNENHOF

Spaß für Groß und Klein

5

KM 26

HOFLADEN

Fahrradtaschen nicht vergessen!

6

KM 28

LILIENTHAL DENKMAL

Erste Flugversuche vom Flugpionier

Museum Barberini in Potsdam

KM 1

Los geht's am Bahnhof Potsdam, wir fahren über die Breite Straße Richtung Westen.

Obstbäume begleiten uns auf dieser Tour.

1 Die Stadt Potsdam besitzt eine beeindruckende Vielfalt an Museen, die unterschiedlichsten Interessen gerecht wird. Vier dieser bedeutenden Museen befinden sich fußläufig vom Bahnhof und nicht weit voneinander entfernt. Das Museum Barberini ist im wunderschön rekonstruierten Palais Barberini untergebracht und präsentiert eine beeindruckende Sammlung von Gemälden, Skulpturen und anderen Kunstwerken. Das Potsdam Museum dokumentiert die bewegte Vergangenheit der Stadt von ihren Anfängen bis zur Gegenwart. Für Cineasten ist das Filmmuseum ein wahres Eldorado. Es wirft einen Blick auf die reiche Filmgeschichte rund um das Studio Babels-

TRAUMHAFT

OBSTPAUSE

Rundum Glindow laden mehrere Höfe zum Rasten oder Obstpflücken ein. Die Ausblicke von den Hügeln in dieser Gegend sind einmalig, besonders während der Obstblüte.

berg. Das Naturkundemuseum bietet eine spannende Reise durch die Naturwissenschaften. Darüber hinaus hat Potsdam auch noch einige weitere beeindruckende Museen und natürlich Schlösser zu bieten, die eigentlich einen separaten Besuch der Stadt benötigen.

Potsdamer Wassertaxi

KM 6

Wir fahren bis zum Ende der Straße, dann biegen wir links ab auf die Zeppelinstraße. An der nächsten Straße biegen wir wieder links auf die Straße Auf dem Kiewitt ab und fahren durch ein beschauliches Wohnviertel. Wir folgen dem Weg, biegen an der Wielandstraße links ab und radeln über die Brücke. Ab hier führt ein traumhafter Weg entlang des Ufers.

2 Das Potsdamer Wassertaxi ist ein Linienverkehr per Schiff mit festem Fahrplan. Von den 13 Stationen des Liniennetzes lassen sich zahlreiche Sehenswürdigkeiten in und um Potsdam bequem erreichen, wie Park Sanssouci, Schloss Babelsberg oder Cecilienhof. Die Tickets können ganz einfach beim Einstieg direkt an Bord erworben werden. Auf dem Templiner See ist das Taxi ebenfalls unterwegs und bietet auch Platz für Fahrräder. Sie verkehren auf der südlichen Havel, dem Tiefen und dem Templiner See mit diversen Anlegestellen. Für 19 Euro kann man die Wassertaxis sogar den ganzen Tag nutzen und so Potsdam bequem vom Wasser aus erkunden. Das Potsdamer Wassertaxi ist damit eine kostengünstige Alternative zu den beliebten Dampferfahrten in und um Potsdam. Abfahrtzeiten und Preise kann man auf der Webseite einsehen.

Ein schattiges Plätzchen ist garantiert.

Vom Turm der Schinkelkirche in Petzow hat man eine traumhafte Aussicht auf die umliegende Landschaft.

KM 16

Wir radeln bei herrlicher Aussicht weiter am Templiner See entlang. An der Caputher Chaussee schwenken wir nach links und biegen nach 300 Metern rechts auf den Uferweg ab. Wir fahren bis zur Berliner Chaussee, dort radeln wir links über die Brücke und nehmen am Kreisverkehr die zweite Ausfahrt. Hinter der Schinkelkirche in Petzow halten wir uns rechts. Nun beginnt offiziell der Panoramaweg Werderobst und wir können ab hier bequem der Beschilderung folgen.

3 **Ein Abstecher** zur Straußenwirtschaft Weintiene in Werder an der Havel lohnt sich hier. Ja, Sie haben richtig gelesen. Die Straußwirtschaft Weintiene auf dem Wachtelberg bei Werder gelegen, bietet ihren Gästen seit 2002 die Möglichkeit, in entspannter Atmosphäre ein Glas Wein zu genießen. Den traumhaften Ausblick über die umliegenden Weinstöcke sowie die Havellandschaft gibt es gratis dazu. Wer eine besondere Erfahrung machen möchte, kann Pate eines der Rebstöcke werden. Man könnte meinen, wir sind in Süddeutschland, aber auch Brandenburg ist eben immer für eine Überraschung gut.

Die Weintiene bietet Wein aus dem Havelland.

Dorfkirche Derwitz

KM 22

Wir folgen weiter der Beschilderung kreuz und quer über Felder und Wiesen. Hier gibt es Obstbäume, soweit das Auge reicht. Die Beschilderung ist lückenlos und gut zu befolgen. An der Lehniner Straße können wir einen Abstecher nach rechts zum Tannenhof Werder machen.

4 **Der Werderaner Tannenhof** ist zunächst einmal eine Tannenbaumschule, darüber hinaus hat er für Familien aber fast das ganze Jahr über allerlei zu bieten. Der Minizoo mit Ziegen, Eseln und Alpakas sowie die Minigolf- und Fußballgolf-Anlagen versprechen Spaß für Groß und Klein sowie eine gelungene Sattelpause. Im Hofcafé kann man sich mit Heißgetränken und Kuchen für die Weiterfahrt stärken. Im Hofladen ist bestens geeignet, um nach Dekoartikeln oder Ausgefallenem wie Tannen-Gin zu stöbern.

KM 26

Wir radeln geradeaus, fahren über die A10 hinweg und biegen an der Derwitzer Straße links und gleich wieder rechts ab.

5 **Der Derwitzer Hofladen** macht seinem Namen alle Ehre. Aus eigenem Anbau gibt es hier je nach Saison allerlei Beeren sowie Kirschen, Äpfel, Birnen, Quitten und Pflaumen. Aus eigener Produktion werden Säfte, Obstwein, Brotaufstrich, Gelee und Pflaumenmus angeboten. Darüber hinaus kann man zahlreiche weitere Produkte aus der Region kaufen, wie Käse, Joghurt, Wildprodukte, Eierlikör, Senf und Schokolade. Geöffnet ist der Laden täglich von 8–18 Uhr sowie sonntags von 10–15 Uhr. Hier heißt es also: Fahrradtaschen leeren und regionale Köstlichkeiten shoppen!

Lilienthal-Denkmal bei Derwitz

Im Gasthaus zum Fliegenden Ross scheint die Zeit stehen geblieben zu sein. Es gibt gutbürgerliche Küche zum fairen Preis.

KM 28

Wir fahren geradeaus in den kleinen Dorfkern von Derwitz hinein. Linker Hand stehen die schöne Dorfkirche sowie das Gedenkhaus von Otto Lilienthal. Vor der Kurve links schwenken auf die Krielower Straße. Nach einem Kilometer befindet sich rechts das Otto-Lilienthal-Denkmal.

6 **Zwischen den Dörfern** Derwitz und Krielow erhebt sich das imposante Otto-Lilienthal-Denkmal auf dem Mühlenberg. Das beeindruckende sechs Meter hohe Edelstahlgerüst ist der Technologie des Flugpioniers Otto Lilienthal nachempfunden, der Ende des 19. Jahrhunderts genau hier seine ersten bahnbrechenden Flugversuche unternahm. Er war auch der erste Mensch, der mit selbst konstruierten Flügeln geflogen ist. Der Ort, an dem dies geschah, wird durch dieses eindrucksvolle Denkmal lebendig, und die Betrachter können sich in seine visionären Flugträume hineinversetzen. Im nahegelegenen Derwitz können sich Interessierte auch im Lilienthal-Museum über den Pionier der Luftfahrt erkundigen. Öffnungszeiten jedoch nur nach Vereinbarung. Ganz in der Nähe verläuft auch die Radtour »Otto Lilienthal«

Wir fahren immer geradeaus nach Krielow und biegen an der Chaussee Straße links ab zum Bahnhof Groß Kreutz. Wer möchte, kann entlang der L 86 oder über einen der umliegenden Feldwege nach Norden Richtung Havel radeln. In Schmergow treffen wir auf den Havelradweg, dessen Beschilderung wir zurück nach Werder oder Potsdam folgen können. Der Havelradweg führt direkt am gleichnamigen Fluss entlang und bietet immer wieder schöne Ausblicke.

AUF EINEN BLICK

Ausgangs-/Endpunkt Bahnhof Potsdam/Bahnhof Groß Kreutz

Anfahrt Bahn / Bus: S7, Regional- und Fernverkehr bis/ab Bahnhof Potsdam. RE1 ab Bahnhof Groß Kreutz

Wegbeschaffenheit Radtour auf gutem Untergrund. Ab Petzow ist der Radweg durchgehend asphaltiert.

31 km

3:00 h

130 Hm

mittel

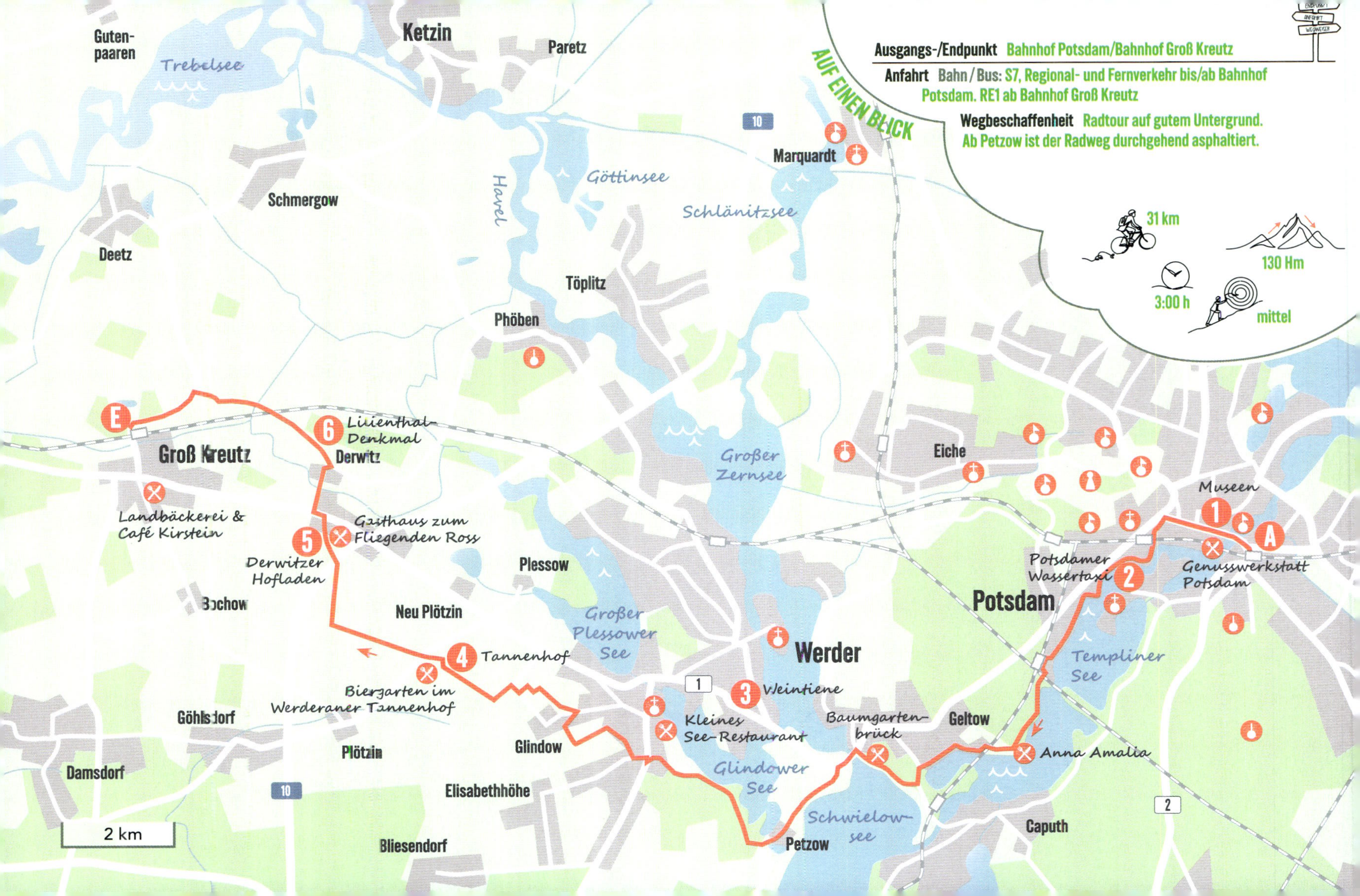

14

VOM OSTBAHNHOF ZUR WOLLANKSTRASSE

AUF DEM BERLINER MAUERWEG

Der 160 Kilometer lange Berliner Mauerweg ist ein Klassiker unter den Radtouren in Berlin. Er erinnert an die einstige Teilung der Stadt. Auf diesem geschichtsträchtigen Radweg kann man die Spuren der Grenzanlagen, Erinnerungsorte und Sehenswürdigkeiten erkunden. Die Radtour verläuft über einige der bedeutendsten Abschnitte der Innenstadt, vorbei an ikonischen Orten wie dem Brandenburger Tor und Checkpoint Charlie. Diese Orte sind stille Zeugen der politischen Spannungen und des Leids, das die Mauer für viele Menschen mit sich brachte. Der Mauerweg bietet nicht nur historische Einblicke, sondern auch landschaftliche Vielfalt. Er führt durch grüne Parks, entlang von Flüssen und Seen, durch Wohnviertel und Industriegebiete. Er ist lückenlos beschildert und führt oft auf Radwegen und ruhigen Nebenstraßen entlang. Dank der Innenstadtlage gibt es auch viele Einkehrmöglichkeiten.

1

KM 0

EAST SIDE GALLERY

Längste Open-Air-Galerie der Welt

2

KM 2

ENGELBECKEN

Erste Pause im schönen Café am See

3

KM 5

CHECKPOINT CHARLIE

Berlins berühmter Grenzübergang

4

KM 6

POTSDAMER PLATZ

Ansichten des modernen Berlin

Das Café am Engelbecken ist längst kein Geheimtipp mehr, aber dennoch ein idyllischer Ort für Kaffee und Kuchen.

Im Café im Engelbecken kann man wunderbar draußen sitzen.

5

KM 6

BRANDENBURGER TOR

Bereit für ein Touri-Foto?

6

KM 9

INVALIDENFRIEDHOF

Historische Ruhestätte

7

KM 12

GEDENKSTÄTTE BERLINER MAUER

Am Ort der deutschen Teilung

8

KM 13

MAUERPARK

Karaoke, Flohmarkt oder Tischtennis?

Das Motiv der deutsch-deutschen Teilung schlechthin

KM 0

Start der Tour ist der Ostbahnhof. Wer möchte, kann hier gleich einen Abstecher zur berühmten East Side Gallery machen und Kunstwerke bestaunen.

1 **Die East Side Gallery** in Berlin ist nicht nur eine bemerkenswerte künstlerische Institution, sondern auch ein bedeutendes Symbol für die Überwindung der Teilung Deutschlands. Was die East Side Gallery so einzigartig macht, ist, dass sie Kunst und Geschichte verbindet. Nach dem Fall der Berliner Mauer im Jahr 1989 wurde ein Teil dieses DDR-Bauwerks erhalten, um Künstlern aus aller Welt die Möglichkeit zu geben, sie als Leinwand für ihre Werke zu nutzen. Das Ergebnis ist eine beeindruckende Freiluftgalerie, die weltweit als längste Galerie ihrer Art gilt. Eines der bekanntesten Gemälde ist das Bild des Bruderkusses zwischen Leonid Breschnew und Erich Honecker. Hinter der Mauer befindet sich ein kleiner Park, in dem im Frühjahr die Kirschbäume blühen.

KM 2

Wir radeln vom Bahnhofsgebäude Richtung Süden über die Schillingbrücke zum Bethaniendamm. Am Horizont erhebt sich bereits die schöne St.-Thomas-Kirche.

2 **Das Engelbecken** war Teil des ehemaligen Luisenstädtischen Kanals, der die Luisenstadt in Berlin-Kreuzberg durchzog – daher auch der Name. Der Kanal wurde 1852 errichtet und verband die Spree mit dem Landwehrkanal. Ursprünglich war er von großer Bedeutung für die Wasserversorgung und den Transport in der Stadt, geriet durch die Industrialisierung jedoch in Vergessenheit. 1920 wurde er gänzlich zugeschüttet. Der ehemalige Verlauf wurde in den letzten Jahren rekonstruiert und Teile des Kanals wurden wieder freigelegt. Heute ist nur noch das Engelbecken mit Wasser befüllt, der Rest wurde seit der Wende zu Grünflächen und Parks umgebaut. Auf jeden Fall ist ein Spaziergang vom Engelbecken bis zum Urbanhafen auch ein toller Tipp für einen Sonntagsausflug.

Statt Fahrrad vielleicht mal Trabi fahren?

KM 5

Weiter entlang der Radweg-Beschilderung »Berliner Mauerweg« geht es über die Sebastian-, Alexandrinen-, Stallschreiber- und Kommandantenstraße zur Axel-Springer-Straße mit den gleichnamigen Verlagsgebäuden. An der Zimmerstraße radeln wir nach rechts.

3 **Der »Übergang Friedrichstraße** für Ausländer«, besser bekannt als Checkpoint Charlie, ist zweifelsohne der berühmteste Grenzübergang Berlins. In der Zeit der deutschen Teilung von 1961 bis 1989 war hier der einzige Grenzübergang für Ausländer und Diplomaten zwischen Ost- und West-Berlin. Heute ist der Checkpoint Charlie eine bedeutende Touristenattraktion. Hier herrscht immer Jahrmarktstimmung – Menschen, Souvenirstände, Grenzer-Häuschen und Selfiesticks überall. Viele Touristen tummeln sich hier zu allen Jahreszeiten. Im Mauermuseum gibt es eine schöne Ausstellung zur deutsch-deutschen Teilung und im angrenzenden Museumscafé kann man wunderbar das Treiben draußen beobachten. Das monumentale Panorama des Künstlers Yagedar Asisi, untergebracht in einem eigens errichteten Rundbau, verdeutlicht auf 900 Quadratmetern den Alltag im West-Berliner Stadtteil Kreuzberg. In der Black Box Kalter Krieg kann man anhand von Fotos, Videos und Exponaten Wissenswertes über den Kalten Krieg und die deutsche Teilung erfahren.

Grenzübergang Checkpoint Charlie

Das Spionagemuseum am Leipziger Platz beschäftigt sich mit dem Schattenreich der Agenten von Vergangenheit bis Zukunft.

KM 6

Wir bleiben auf der Zimmerstraße bis zu deren Ende, dann schwenken wir nach rechts zum Potsdamer Platz.

4 **Der Postdamer Platz** ist gleichbedeutend mit dem modernen Berlin. Im 19. Jahrhundert als Verkehrsknotenpunkt konzipiert, wurde er im Zweiten Weltkrieg stark zerstört. Heute ist es kaum zu glauben, dass hier zur Zeit der Berliner Mauer ein Niemandsland zwischen Ost- und West-Berlin war. Nach dem Mauerfall wurde der Potsdamer Platz zu einem der größten Bauprojekte Europas. Architekten aus aller Welt gestalteten moderne Wolkenkratzer, Einkaufszentren und Unterhaltungskomplexe, die den Platz zu einem Symbol für den Wandel Berlins machten. Vom Panoramapoint hat man einen tollen 360-Grad-Ausblick.

KM 6

Vom Potsdamer Platz fahren wir weiter gen Norden. Vorbei am Holocaust-Mahnmal radeln wir zum Brandenburger Tor, dem Wahrzeichen Berlins, das wie kein anderes an die deutsch-deutsche Teilung erinnert.

5 **Das Brandenburger Tor** ist eines der bekanntesten Wahrzeichen Deutschlands. Im 18. Jahrhundert unter der Leitung des Architekten Carl Gotthard Langhans erbaut, gilt es als ein beeindruckendes Beispiel für den klassizistischen Stil. Der Bau besteht aus fünf Durchfahrten, wobei die mittlere einst nur für königliche Kutschen vorgesehen war. Während der deutschen Teilung wurde das Tor zum Symbol der Trennung zwischen Ost- und West-Berlin. Es lag im Sperrgebiet, erst nach dem Fall der Mauer wurde es wieder für die Öffentlichkeit zugänglich.

Skyline am Potsdamer Platz

Gedenkstätte Bernauer Straße

KM 9

Man fährt bis zum Ende der Straße, dann links und gleich rechts. Wir fahren vorbei am Bundestag und über die Kronprinzenbrücke, dann links auf dem Kapelle-Ufer entlang der Spree. Die nächste Straße nehmen wir nach rechts zum Alexanderufer und radeln dann weiter geradeaus zum Spandauer Schifffahrtskanal.

6 **Entlang des Spandauer** Schifffahrtkanals besteht ein gut ausgebauter Weg für Fußgänger und Radfahrer. Er führt durch den Invalidenfriedhof. Achtung: Hier absteigen, bitte! In dem 1748 eingeweihten Friedhof gab es einst 3000 Gräber. Die DDR-Regierung wollte Distanz zu Preußen demonstrieren und ließ nach 1945 einige Gräber räumen, später das Gelände durch die Mauer teilen. Nach der Wende wurden viele Gräber erneuert und restauriert.

KM 12

Wir fahren bis zum Ende des Weges und schwenken dann nach rechts. Die Radtour führt weiter auf der Boyenstraße bis zur Chausseestraße. Hier biegen wir rechts und gleich wieder links ab. Am Kreisverkehr nehmen wir die erste Ausfahrt auf die Gartenstraße und biegen an der Bernauer Straße links ab.

7 **Die Gedenkstätte** Berliner Mauer an der Bernauer Straße ist ein bewegender Ort, der an die Geschichte der Teilung Deutschlands in Ost und West erinnert. Die Bernauer Straße wurde während des Kalten Krieges zu einem tragischen Symbol, als die Mauer nicht nur Gebäude und Straßen trennte, sondern auch Familien auseinanderriss. Das Besondere an dieser Gedenkstätte ist, dass sie einen Abschnitt der Berliner Mauer beinhaltet und auf diese Weise authentisch das

Sommer im Mauerpark

Das Sonntagskaraoke im Mauerpark ist ein Muss für Berliner und Touristen. Zugucken oder mitsingen – Spaß ist garantiert.

TRAUMHAFT

GESCHICHTSTRÄCHTIG

Kaum ein Wahrzeichen steht für die deutsche Teilung wie das Brandenburger Tor. Mit seinem klassizistischen Baustil ist es zu jeder Jahreszeit ein schönes Fotomotiv.

Ausmaß der Teilung verdeutlicht. Hier kann man die Überreste von Wachtürmen, Stacheldraht und Betonmauern sehen. Die Gedenkstätte erzählt auch die Geschichten der Menschen, die versucht haben, die Mauer zu überwinden. Fotos und Berichte zeugen von Fluchtversuchen und dem verzweifelten Wunsch nach Freiheit.

KM 13

Nach etwa einem Kilometer biegen wir nach links in den Mauerpark ein.

8 **Das Sonntagskaraoke** im Mauerpark, veranstaltet von Joe Hatchiban, ist zu einer Berliner Institution geworden. Die Veranstaltung ist zwar kein Geheimtipp mehr, dennoch ist es ein Erlebnis, wenn sich hier jeden Sonntag mehr als 1000 Menschen zum Karaoke einfinden. Daneben treffen sich hier Berliner und Touristen gleichermaßen zum Flohmarkt am Sonntag, zum Grillen, Picknicken oder Tischtennisspielen. Eine Pause zum Leute-Beobachten lohnt sich hier.

Ab da geht es eigentlich fast nur noch geradeaus, wir fahren über die Behmbrücke und unter der Bornholmer Brücke hindurch. Hier blühen im Frühling die Kirschblüten. Am Ende radeln wir links unter der Bahntrasse hindurch, dann biegen wir zweimal rechts Richtung S-Bahnhof Wollankstraße ab, wo unsere Tour endet. Ambitionierte E-Biker können diese Route verlängern und der Beschilderung des Berliner Mauerwegs weiter folgen, etwa bis Wilhelmsruh oder sogar Hennigsdorf.

AUF EINEN BLICK

16 km

1:30 h

99/93 Hm

mittel

Ausgangs-/Endpunkt
S-Bahnhof Ostbahnhof/S-Bahnhof Wollankstraße

Anfahrt Bahn / Bus: Anreise S3, S5, S7, S9, S75 sowie Regional- und Fernverkehr bis Ostbahnhof. Rückreise S1, S25 und S26 ab S-Bahnhof Wollankstraße

Wegbeschaffenheit Durch die zweireihige Kopfsteinpflasterlinie fällt die Orientierung sehr leicht.

15

VON TIERPARK BIS FELDMARK

TIERISCHES VERGNÜGEN FÜR JUNG UND ALT

Berlin ist ein wahres Paradies für zahlreiche Wildtierarten. Fuchs, Feldhase, Waschbären, Wildschweine oder Kernbeißer lieben die Hauptstadt. Gerade für Kinder sind Tierbegegnungen immer etwas Besonderes. Daher begeben wir uns auf dieser Radtour auf die Suche nach den Tieren in der Stadt – selbstverständlich mit Abstand und Vorsicht. Mit dabei sind der Tierpark in Lichtenberg, die Wartenberger Feldmark in Hohenschönhausen oder der Weiße See. Diese leichte Radtour erstreckt sich über 18 Kilometer und ist auch gut mit Kindern machbar. Alternativ lässt sie sich durch die Nähe zur Innenstadt jederzeit abkürzen und man kann dann vom nächsten Bahnhof nach Hause fahren. Ferner ist der nächste Eisladen oder Imbiss für erschöpfte Kinder (und Erwachsene) nie weit. Planen Sie dennoch ausreichend Zeit ein, um die einzelnen Orte ausgiebig zu erkunden.

1

KM 1

TIERPARK

Große Vielfalt an Arten

2

KM 4

HERZBERGE

Süße Wollschafe mitten in Berlin

3

KM 12

WARTENBERGER FELDMARK

Grasende Kühe

> Es ist kaum zu glauben, aber an mehreren Orten in Berlin tummeln sich Schafe, Kühe und Ziegen.

Sind wir noch in Berlin?

4

KM 16

FAULER SEE

Ein Paradies für Vogelbeobachter

5

KM 17

ORANKESEE

Badespaß für Jung und Alt

6

KM 19

WEISSER SEE

Entspannter Abschluss der Radtour

Idylle am Weißen See

KM 1

Wir starten am U-Bahnhof Tierpark. Auf der Straße Am Tierpark radeln wir nach links zum Eingang desselben.

Das Wort Park ist im Tierpark Programm.

1 Der Tierpark macht dem Wortteil Park wahrlich alle Ehre. Das Gelände ist so großzügig und weitläufig angelegt, dass man gut und gern einen ganzen Tag hier verbringen kann. Die weitläufige Gestaltung kommt auch den tierischen Bewohnern zugute, die hier auf großzügigen Freiflächen und in naturnahen Gehegen leben. Der Tierpark beherbergt eine beeindruckende Vielfalt an Tieren aus verschiedenen Teilen der Welt. Darunter Tiere mit lustigen Namen wie Dschelda, Goldtakin, Katta oder Sunda-Gavial. Von Elefanten über Affen und Vögel bis zu verschiedenen Raubkatzen – das Spektrum der hier lebenden Arten ist faszinierend.

TRAUMHAFT

TIERBEOBACHTUNGEN

Die Metropole Berlin bietet zahlreiche Möglichkeiten, mit der Welt der Tiere in Kontakt zu kommen – sei es im Tierpark und Zoo oder auf dem Bauernhof oder der Alpakafarm.

Zusätzlich zu den Tiergehegen bietet der Tierpark weitläufige Grünflächen, Spielplätze und gastronomische Einrichtungen. Diese machen den Besuch zu einem angenehmen Erlebnis für die ganze Familie. Darüber hinaus werden regelmäßig Veranstaltungen und Sonderausstellungen organisiert.

Schafe im Landschaftspark Herzberge

KM 4

Wir fahren weiter geradeaus entlang der Straße Am Tierpark. Über Alt-Friedrichsfelde hinweg radeln wir hinter der Bahntrasse links in eine Kleingartenanlage hinein. Wenn nötig, steigen wir hier ab. Wir folgen dem Hauptweg und fahren südlich des Zentralfriedhofs Friedrichsfelde vorbei. An der Kriemhildstraße schwenken wir nach rechts und radeln in den Landschaftspark Herzberge.

Plattenbauten treffen auf Natur.

2 **Der Landschaftspark Herzberge** war bis 2007 noch eine wilde Mischung aus Brache, Wirtschaftsflächen und Grünbereichen. Seither hat sich viel getan und mittlerweile vereint der Park Naherholung, landwirtschaftliche Nutzung und Naturschutz auf einzigartige Weise. Die Teiche und Tümpel des Parks sind Heimat für Frösche, Kröten, Molche, Ringelnattern und andere Arten. Ein wahres Biotop und Paradies für Insekten und Kriechtiere und ein Modellprojekt urbaner Landschaftsgestaltung. Highlight für die jüngsten Besucher des Landschaftsparks sind zweifelsohne die Pommerschen Landschafe. Seit ihrer Ansiedlung haben sich diese wolligen Bewohner prächtig vermehrt und arbeiten sozusagen als tierische Rasenmäher. Ein Spielplatz und Bänke laden zu einer Sattelpause ein.

Ein Rundweg von sechs Kilometern führt Radfahrer und Fußgänger durch den Landschaftspark Wartenberger Feldmark.

Am Faulen See

KM 12

Wir folgen weiter dem Weg und biegen an der Siegfriedstraße rechts ab. An der Große-Leege-Straße schwenken wir abermals nach rechts und an der Gärtner- und Hauptstraße radeln wir weiter geradeaus. An deren Ende fahren wir links und gleich wieder rechts auf die Biesterfelder Straße. An deren Ende schwenken wir nach links auf die Rüdickenstraße und biegen an der Falkenberger Chaussee rechts ein. Hinter den Bahntrassen biegen wir links ab und folgen dem Weg bis zur Wartenberger Feldmark.

3 **Wo sich heute** der Landschaftspark Wartenberger Feldmark befindet, waren seit dem 19. Jahrhundert Rieselfelder angelegt. Seit 1995 wurde diese Gebiet zu einem von drei Naturschutzgebieten in Lichtenberg erklärt. Es beheimatet eine Vielzahl gefährdeter Tier- und Pflanzenarten, wie Nachtigall, Pirol, Kuckuck oder Erdkröte. Seit dem Jahr 2000 führen neugestaltete Wanderwege durch den Park, die heute gerne von Spaziergängern, Skatern und Radfahrern genutzt werden. Auf einer Weide grasen schottische Hochlandrinder und Heckrinder, die sich hier als natürliche Rasenmäher und Landschaftspfleger betätigen.

Süße Heckenrinder in der Wartenberger Feldmark

Entenparadies am Weißen See

KM 16

Vor dem Landschaftspark schwenken wir nach links und halten uns am Wartenberger Weg schräg geradeaus. Nach 700 Metern biegen wir links ab zum Malchower See. Am Ende des Weges fahren wir nach rechts und biegen in die nächste Straße links ein. Wir radeln geradeaus, fahren über die Hansastraße hinweg, biegen rechts in die Drossener Straße ab und radeln geradewegs zum Faulen See.

4 **Der Faule See** ist eines der ältesten Naturschutzgebiete Berlins und erfreut sich seit Langem großer Beliebtheit unter Vogelfreunden. Über 80 Vogelarten sind hier regelmäßig anzutreffen. Der See hat keinen natürlichen Zulauf und wird heute ausschließlich durch Regenwasser gespeist. Am Westufer des Sees beeindrucken einige über 100 Jahre alte Pappeln, die zahlreichen Holzbewohnern und Baumpilzen einen wichtigen Lebensraum bieten. Im Faulen See selbst laichen Kröten und Frösche. Trotz der zentralen Lage ist es hier immer sehr ruhig und die hohen Bäume spenden wohligen Schatten. Ein Rundweg führt einmal um den See.

Milchhäuschen am Weißen See

> Das Milchhäuschen am Weißen See ist kein Geheimtipp mehr. Das Essen ist jedoch köstlich und der Ausblick auf den See traumhaft.

KM 17

An der Suermondtstraße radeln wir nach rechts.

5 Wer eine Abkühlung benötigt, kann ein Stück weiter nach Süden radeln zum Strandbad Orankesee. Dieser See befindet sich inmitten eines Villenviertels. Das Strandbad lockt in den Sommermonaten mit seinem 300 Meter langen Sandstrand und der 52 Meter langen Wasserrutsche zahlreiche Besucher an. Strandkörbe, Liegewiesen und Spielplatz komplettieren das Angebot. Die Orankesee Terrassen bieten griechische Köstlichkeiten mit Seeblick.

KM 19

Es geht immer geradeaus bis zum Weißen See.

6 Der Weiße See im gleichnamigen Bezirk ist eine kleine Oase mitten in der Stadt. Ein Rundweg führt einmal um den See. Im Freibad mit Sandstrand kommt Karibikfeeling pur auf. Für Kleinkinder gibt es einen Nichtschwimmerbereich, ambitionierte Schwimmer können sich weiter hinauswagen. Am Imbiss gibt es klassische Snacks und zur EM und WM kann man hier beim Public Viewing die Füße in den Sand stecken. Ein Bootsverleih rundet das Erlebnis ab. Das Café Milchhäuschen auf der anderen Uferseite war 1913 tatsächlich zunächst eine Milchverkaufsstelle, heute bietet es klassische deutsche Gerichte, aber auch vegane Currys.

Vor dem Weißen See biegen wir links ab zur Tram Haltestelle Weißer See, von wo wir die Rückreise antreten können.

AUF EINEN BLICK

19 km

70/50 Hm

2:00 h

leicht

Ausgangs-/Endpunkt Bahnhof Tierpark/Haltestelle Weißer See

Anfahrt Bahn/Bus: U5 bis U-Bahnhof Tierpark; Tram 12, 50, M1, M2, M4 und M13 ab Weißer See

Wegbeschaffenheit Diese Radtour verläuft auf überwiegend befestigten Strecken.

16

VON CHARLOTTENBURG BIS NACH TREPTOW

BRÜCKEN-TOUR DURCH BERLIN

In Berlin gibt es über 900 Brücken und somit über doppelt so viele wie in Venedig. Diese Fahrradtour führt entlang der zahlreichen Brücken der Berliner Innenstadt – vom mondänen Charlottenburg bis ins grüne Treptow. Diese Radtour ist jedoch weit mehr als eine sportliche Betätigung. Sie ist eine kulturelle Expedition durch die Stadt, auf der man ihre vielfältigen Facetten und unterschiedlichen Kieze entdecken kann. Von der königlichen Eleganz Charlottenburgs über das geschäftige Treiben am Potsdamer Platz bis zu den grünen Oasen entlang der Spree: Die Brücken Berlins verbinden nicht nur Stadtteile, sondern auch die reiche Geschichte und die pulsierende Gegenwart auf einzigartige Weise. Tauche ein in dieses faszinierende Netzwerk aus Brücken und erlebe die Schönheit der deutschen Hauptstadt auf zwei Rädern.

1

KM 2

SCHLOSS CHARLOTTENBURG

Residenz mit Prachtgarten

2

KM 5

HANSAVIERTEL

Architektonisches Highlight

3

KM 8

ZOLLPACKHOF

Zünftig Speisen unter Kastanienbäumen

Die Kleine Orangerie im Schloss Charlottenburg ist urig eingerichtet. Es gibt hier leckere Kuchen und warme Speisen.

Ausblick auf Schloss Charlottenburg

4

KM 10

MONBIJOUTHEATER

Radelpause am Spreeufer

5

KM 14

MARKISCHES MUSEUM

Unbedingt im Museumscafé einkehren

6

KM 16

EAST SIDE GALLERY

Absteigen und Kunst bewundern

FOTO STOPP

Die Oberbaumbrücke ist ein tolles Fotomotiv

KM 2

Die Radtour beginnt am S-Bahnhof Westend. Von dort aus fahren wir auf den Spandauer Damm. Hier können wir auf der linken Seite schon das Schloss Charlottenburg bewundern.

1 **Das Schloss Charlottenburg**, ein architektonisches Juwel im Herzen Berlins, erhebt sich majestätisch am Ufer der Spree und zeugt von der prunkvollen Geschichte der Stadt. Im 17. Jahrhundert als Sommerresidenz für die preußische Kurfürstin Sophie Charlotte erbaut, wurde das Schloss im Laufe der Jahrhunderte immer wieder erweitert und stellt heute eine beeindruckende Mischung aus Stilelementen des Barocks und des Rokokos dar. Ein Höhepunkt ist auch der imposante Schlossgarten, der sich zu jeder Jahreszeit in einem anderen natürlichen Gewand zeigt.

An der Fischerinsel

TRAUMHAFT

MONBIJOUPARK

Der Park ist nicht nur toll zum Grillen und Picknicken, sondern er bietet mit der Strandbar Mitte und dem Monbijou-Theater auch zwei Berliner Institutionen.

KM 5

Hinter dem Schloss schwenken wir nach links und vor der Brücke rechts auf den Uferweg. Hier radeln wir bis zur Dovebrücke. Dahinter biegen wir links ab in einen Fußweg und radeln einmal um die Halbinsel herum bis zur Gotzkowskybrücke. Dahinter fahren wir gleich rechts in die Levetzowstraße und geradewegs zum berühmten Hansaviertel. Dafür biegen wir gleich hinter der Hansabrücke links ab.

Hansaviertel

2 **Das Hansaviertel** ist ein architektonisches Highlight der Nachkriegsmoderne. In den 1950er-Jahren entschied man sich für einen radikalen Neubeginn und namhafte Architekten wie Alvar Aalto, Walter Gropius und Oscar Niemeyer schufen hier ein einzigartiges Ensemble moderner Wohn- und Geschäftsgebäude. Das Ergebnis ist ein faszinierendes architektonisches Experiment, das die Ideen der Moderne, des Internationalen Stils und der Nachkriegsära aufgreift. Flache klare Linien, großzügige Grünflächen und innovative Raumkonzepte prägen das Gesicht des Viertels. Tiergarten und Spree machen die Idylle perfekt.

mein Lieblingsbiergarten: der Zollpackhof

KM 8

Wir radeln hier auf einem gut ausgebauten Rad- und Wanderweg direkt am Spreeufer entlang vorbei an Tiergarten, Kanzleramt und Hauptbahnhof.

3 **Der Biergarten Zollpackhof** in Berlin ist für mich immer noch ein Geheimtipp. Man kann ihn von der Straße nicht und vom Fußweg kaum sehen. Die Folge: Er ist auch im Sommer selten überfüllt. Der Biergarten bietet eine idyllische Mischung aus Tradi-

Ein Besuch im Monbijou-Theater ist ein Muss im Sommer. Die Atmosphäre in dem Open-Air-Amphitheater ist einfach grandios.

Urlaubsfeeling an der Spree

tion, Natur und Geselligkeit. Unter den alten Kastanienbäumen werden zünftige Speisen und bayerisches Bier serviert. Die grandiose Aussicht auf Spree und Kanzleramt gibt es gratis dazu. Um dorthin zu gelangen, müssen wir über die Moltkebrücke radeln und dahinter gleich links abbiegen in die Elisabeth-Abegg-Straße.

KM 10

Wir radeln weiter auf dem südlichen Spreeufer. Auf der anderen Seite thront der Hauptbahnhof. Es geht nun weiter geradeaus bis zur Museumsinsel. Vor dem Bodemuseum fahren wir über die Monbijoubrücke und dahinter gleich rechts in den gleichnamigen Park.

4 **Monbijou-Theater** und Strandbar Mitte sind zwei Institutionen in Berlin, die urbane Kultur und legere Atmosphäre miteinander verbinden. Das Monbijou-Theater bietet in den Sommermonaten illustre Inszenierungen im Open-Air-Amphitheater, im Winter werden Märchen für Erwachsene in den urigen Holzhütten auf dem Bunkerdach aufgeführt. In der Strandbar Mitte, gleich neben dem Theater, kann man das kulturelle

Open-Air-Theater im Monbijoupark

Stadtgeschichte im märkischen Museum

Erlebnis entspannt ausklingen lassen. Hier lässt sich bei einem kühlen Getränk die Sonne genießen und das Treiben auf der Spree beobachten. Abends gibt es Tanzkurse direkt am Spreeufer.

KM 14

Weiter geht es durch den Monbijou- und James-Simon-Park. Dahinter biegen wir links ab in die Anna-Louisa-Karsch-Straße, dann rechts auf den Spandauer Damm. Am Roten Rathaus biegen wir rechts ab und radeln vorbei am Nikolaiviertel. Hinter dem Stadtschloss schwenken wir nach links auf den Uferweg auf der Fischerinsel. Wir radeln bis zu deren Spitze und fahren rechts über die Fußgängerbrücke und dann gleich wieder links.

5 **Das Märkische Museum** mit dem markanten Backsteinturm an der Spree gewährt einen vielfältigen Einblick in Kultur, Geschichte und Alltag von Berlin. In der Dauerausstellung kann man Berliner Straßen und Viertel erkunden und sehen, wie sich Berlin im Laufe der Jahrhunderte entwickelt hat. Daneben finden immer wieder Sonderausstellungen statt. Im Museumscafé darf man auch ohne Eintritt einkehren und den sehenswerten Innenhof genießen.

KM 16

Wir radeln entlang der Spree bis zur Jannowitzbrücke. Hier fahren wir links und hinter dem Bahnhof rechts auf die Holzmarktstraße. Wir radeln ein Stück weiter und landen geradewegs an der berühmten East Side Gallery.

Laue Sommerabende am Flutgraben

Der Freischwimmer ist Sommer wie Winter ein beliebtes Restaurant mit einzigartiger Atmosphäre und Aussicht.

TRAUMHAFT

DIE BRÜCKEN

Auf dieser Radtour gibt es viele einmalige Brücken zu bestaunen – von der historischen Moltkebrücke, über die schöne Friedrichsbrücke bis zur ikonischen Oberbaumbrücke.

6 **Die East Side Gallery** steht als lebendiges Denkmal und eindrucksvolle Galerie für die Verbindung von Kunst, Geschichte und politischem Wandel. Dieses Kunstprojekt erstreckt sich auf 1,3 Kilometern vom Ostbahnhof bis zur Oberbaumbrücke und ist Zeuge der einstigen Teilung Deutschlands. Über 100 Kunstschaffende aus 21 Ländern begannen gleich nach dem Mauerfall im Herbst 1989, die Reste der ehemaligen Mauer zu bemalen. Ein Jahr später wurde dieser Abschnitt zur Open-Air-Galerie und steht seither unter Denkmalschutz. Die grauen Betonwände wurden auf diese Weise in eine tolle Galerie verwandelt, die bis heute zahlreiche Besucher anzieht. Die Bilder und Graffitis, die hier zu sehen sind, erzählen Geschichten von politischem Widerstand, Veränderung und der Sehnsucht nach Freiheit. Berühmte Werke wie »Der Bruderkuss« von Dmitri Vrubel oder »Test the Best« von Birgit Kinder sind hier zu bewundern. Auf der Uferseite dahinter blühen im Frühling die japanischen Kirschbäume und bieten einen wirkungsvollen Kontrast.

Wir radeln über die berühmte Oberbaumbrücke und dahinter links auf die Schlesische Straße. Hinter der Tankstelle biegen wir links ab zum Arena Gelände. Das ehemalige Gelände der Allgemeinen Berliner Omnibus AG ist heute eine Eventlocation samt Badeschiff. Hinter dem Arena-Gebäude biegen wir links ab und halten uns am Spreeufer rechts. Wir fahren bis zu dessen Ende und halten uns dann rechts. Die Tour endet am Bahnhof Treptower Park.

AUF EINEN BLICK

19 km

1:15 h

leicht

80 Hm

Ausgangs-/Endpunkt Bahnhof Westend/Bahnhof Treptow

Anfahrt Bahn / Bus: S41 und S42 bis S-Bahnhof Westend; Rückreise S8, S9, S41, S42 und S85 ab S-Bahnhof Treptower Park

Wegbeschaffenheit Meist gut befestigte Wege, wenige Sandwege

17

VON PARK ZU PARK

BERLIN KANN SO GRÜN SEIN

Berlin kann nicht nur Brandenburger Tor, Berghain oder Hipster-Cafés, es kann auch unglaublich grün sein. Das stellt diese Radtour unter Beweis, auf der es gleich durch fünf Parks in Kreuzberg, Neukölln und Tiergarten geht. Geboten wird nicht nur eine gesunde Dosis frischer Luft und Bewegung, sondern auch ein einzigartiger Einblick in die naturnahen Seiten der Stadt. Von historischen Denkmälern über weite Freiflächen bis hin zu lebendigen Erholungsgebieten – diese Route verspricht eine vielfältige und abwechslungsreiche Entdeckungstour durch Berlin. Der malerische Viktoriapark besticht mit seinem historischen Charme und im »Görli«, also im Görlitzer Park, tummeln sich die Hipster. Das Tempelhofer Feld eröffnet mit seiner unglaublichen Weite abermals eine ganz neue Perspektive auf die Stadt und die Hasenheide vereint Natur und Urbanität auf besondere Weise. Zum Abschluss geht es zum Park am Gleisdreieck, wo alte Bahnschienen und Signalanlagen an den einstigen Güterbahnhof erinnern.

1

KM 1

DER »GÖRLI«

Beliebter Park mit vielen Gesichtern

2

KM 2

MARTHA PFARRAMT

Highlight für Architektur-Fans

3

KM 4

HASENHEIDE

Ziegen und Schafe mitten in Neukölln

Die Freunde von Kaffeespezialitäten und köstlichem Cheesecake sind im Five Elephant in der Reichenberger Straße richtig.

Ruheoasen mitten in Berlin

4

KM 6

DAS TEMPELHOFER FELD

Freifläche für vielfältige Aktivitäten

5

KM 12

VIKTORIAPARK

Tolle Sicht bei Sonnenuntergang

6

KM 13

GLEISDREIECK

Früher Güterbahnhof, heute Natur

Urban Gardening auf dem Tempelhofer Feld

KM 1

Los geht es am U-Bahnhof Schlesisches Tor. Wir radeln ein Stück Richtung Osten und halten uns an der nächsten Kreuzung rechts.

Grüne Oasen in der Stadt

1 **Der Görlitzer Park**, liebevoll auch »Görli« genannt, ist eine grüne Oase im Herzen von Kreuzberg. Sie ist für ihre naturbelassenen Flächen, aber auch für ihre multikulturelle Atmosphäre bekannt. Leider ist der Park zudem häufig wegen der Drogenkriminalität in den Nachrichten. Trotzdem hat er viele andere Dinge zu bieten. Wenn man auf dieser Route in den Park hineinradelt, befindet sich rechter Hand der Kinderbauernhof mit Kaninchen, Eseln und Ponys. Kinder können hier aus einem bunten Programm wählen. Ob Familien, Hipster oder Ruhesuchende: Der Görli passt perfekt zu Berlin und seinen Bewohnern.

TRAUMHAFT

UNGLAUBLICHE WEITE

Sportler aller Art tummeln sich auf den Landebahnen des ehemaligen Flughafens Tempelhof, im Stadtteilgarten wird gegärtnert und Menschen treffen sich zu Picknicks und Grillfesten.

KM 2

Wir fahren immer weiter geradeaus. An der Glogauer Straße 22 befindet sich das traumhafte Martha Pfarramt.

Sehenswert: der Martha Kirchhof

2 Der wunderschöne Kirchhof der Martha Kirchgemeinde im Stil des späten Historismus ist ein Muss für Architekturinteressierte. Von der Straße aus ist der Bau eher schmal und unscheinbar. Die Kirche mit prächtiger Backsteinfassade selbst steht versteckt auf dem Hinterhof. Die Kirche wurde nach Plänen der Architekten Dinklage, Paulus und Lilloe errichtet und 1904 eingeweiht. In den Folgejahren wurde sie noch erweitert. Besonders beeindruckend sind die farbenfrohen Glasfenster, die sich entlang der Seitenwände erstrecken.

KM 4

Ein Stück hinter der Brücke wechseln wir nach rechts auf die Weserstraße, fahren über den Hermannplatz und dann nach rechts zur Hasenheide

3 Die Hasenheide hat bei Berlinern sicherlich eher einen gemischten Ruf wegen der Drogenproblematik im Park. Dennoch ist sie eine schöne Grünanlage und hält mit ihren Spielplätzen, Teichen und Sporteinrichtungen ein breites Angebot für alle Altersgruppen bereit. Auf der rechten Seite hinter dem Parkeingang befindet sich der Tierpark Neukölln mit Schafen, Hühnern, Ziegen, Dammwild und Weißstörchen. An der Hasenschänke im Park kann man bei Bauernboulette und Radler eine Sattelpause einlegen. Der Große Kurfürst nutzte das Gelände im 17. Jh tatsächlich als Hasengehege für seine Jagd. So entstand der Name Hasenheide.

Der »Görli«

Im Freiluftkino Hasenheide lässt sich der Sommer bei einem schönen Film samt Kaltgetränk und Popcorn draußen genießen.

Riehmers Hofgarten

KM 6

Wir radeln einmal durch die Hasenheide und gelangen am Ende auf den Columbiadamm. Dort radeln wir nach links und dann rechter Hand geradewegs in den nächsten Park hinein – in den ehemaligen Flughafen Tempelhof.

4 **Das Tempelhofer Feld** in Berlin ist eine einzigartige Kombination aus historischem Erbe, Freizeitaktivitäten und urbanem Grün. Einst ein Flughafen von internationaler Bedeutung, der während der Zeit der Berliner Luftbrücke im Kalten Krieg eine entscheidende Rolle spielte, wurde das Tempelhofer Feld nach der Schließung des Flughafens im Jahr 2008 zu einem der größten innerstädtischen Parks der Welt umgewandelt. Das Herzstück des Tempelhofer Feldes ist zweifellos die riesige Freifläche der Landebahnen, auf denen es sich wunderbar radeln lässt. Zu allen Jahreszeiten tummeln sich hier Skater, Kitesurfer oder Sportenthusiasten. Diverse Imbisse und Coffee Bikes sorgen für das leibliche Wohl. An der Ostseite wird im Stadtteilgarten Schillerkiez fleißig gegärtnert. Ein Ort wie kaum ein anderer.

Unglaubliche Weiten auf dem Tempelhofer Feld

Viktoriapark mit Siegessäule von Schinkel

KM 12

Von der Lilienthalstraße schwenken wir nach links auf die Bergmannstraße. Weiter geht es geradeaus über den Mehringdamm hinweg zum Viktoriapark.

An der Großbeerenstraße 57a befindet sich auf der rechten Seite der wunderschöne Riehmers Hofgarten.

5 **Der Viktoriapark** ist benannt nach der Siegessäule des preußischen Architekten und Stadtplaners Karl Friedrich Schinkel. Die Säule auf dem Kreuzberg erinnert an den Sieg gegen Napoleon in den Befreiungskriegen. Der Kreuzberg befindet sich im Zentrum des Parks. Er ist ein künstlich geschaffener Hügel, der sich den Parkbesuchern als Aussichtspunkt anbietet. Von hier aus kann man das Panorama Berlins bewundern, was den Viktoriapark zu einem beliebten Ziel für Spaziergänger und Picknicker macht. Die Sonnenuntergänge von hier oben sind ein Traum. Die Wasserfallkaskade am Fuße des Kreuzbergs macht die Idylle perfekt. Zu empfehlen ist es, das Fahrrad unten abgeschlossen stehen zu lassen und den Kreuzberg zu Fuß zu erklimmen. Die Aussicht entschädigt für den steilen Aufstieg.

Natur und Industrie im Park am Gleisdreieck

Im Café Tor Eins im Park am Gleisdreieck gibt es leckere Kuchen und Kaffeespezialitäten, die zu einer Pause einladen.

TRAUMHAFT

BERLINER DSCHUNGEL

Der Natur-Park Schöneberger Südgelände gleicht wahrlich einem urbanen Dschungel, dem der Trubel der Großstadt nichts anhaben kann.

KM 13

Weiter geht es auf der schönen Großbeerenstraße, dann schwenken wir nach links auf die Hornstraße und fahren geradewegs zum Park am Gleisdreieck.

6 **Der Park am Gleisdreieck** ist eine urbane Oase im Herzen der Stadt, in der Natur, Erholung und Geschichte verschmelzen. Das Areal war einst ein geschäftiger Güterbahnhof und ist heute ein beliebtes Ausflugsziel für Erholungsuchende. Das besondere Flair des Parks entsteht aus der gelungenen Integration von ehemaligen Industrieanlagen und moderner Landschaftsarchitektur. Alte Bahngleise, Brücken und Signalanlagen erinnern an die Vergangenheit des Ortes, während grüne Wiesen, Spielplätze und Wege für eine gelungene Freizeitgestaltung sorgen. Das Bahngelände des ehemaligen Verkehrsknotenpunktes Gleisdreieck lag nach dem Zweiten Weltkrieg lange brach und entwickelte eine erstaunliche und ganz eigene Vegetation. Durch engagierte Bürger wurde die Fläche dauerhaft begrünt und renaturiert. Im Jahr 2013 wurde der Park eingeweiht und erfreut sich seither großer Beliebtheit.

Wir radeln einmal durch den Park und fahren dann unter der Bahntrasse hindurch. Ein Stück dahinter führt rechter Hand ein Fußweg zum Bahnhof Gleisdreck, von wo aus wir die Heimreise antreten können.

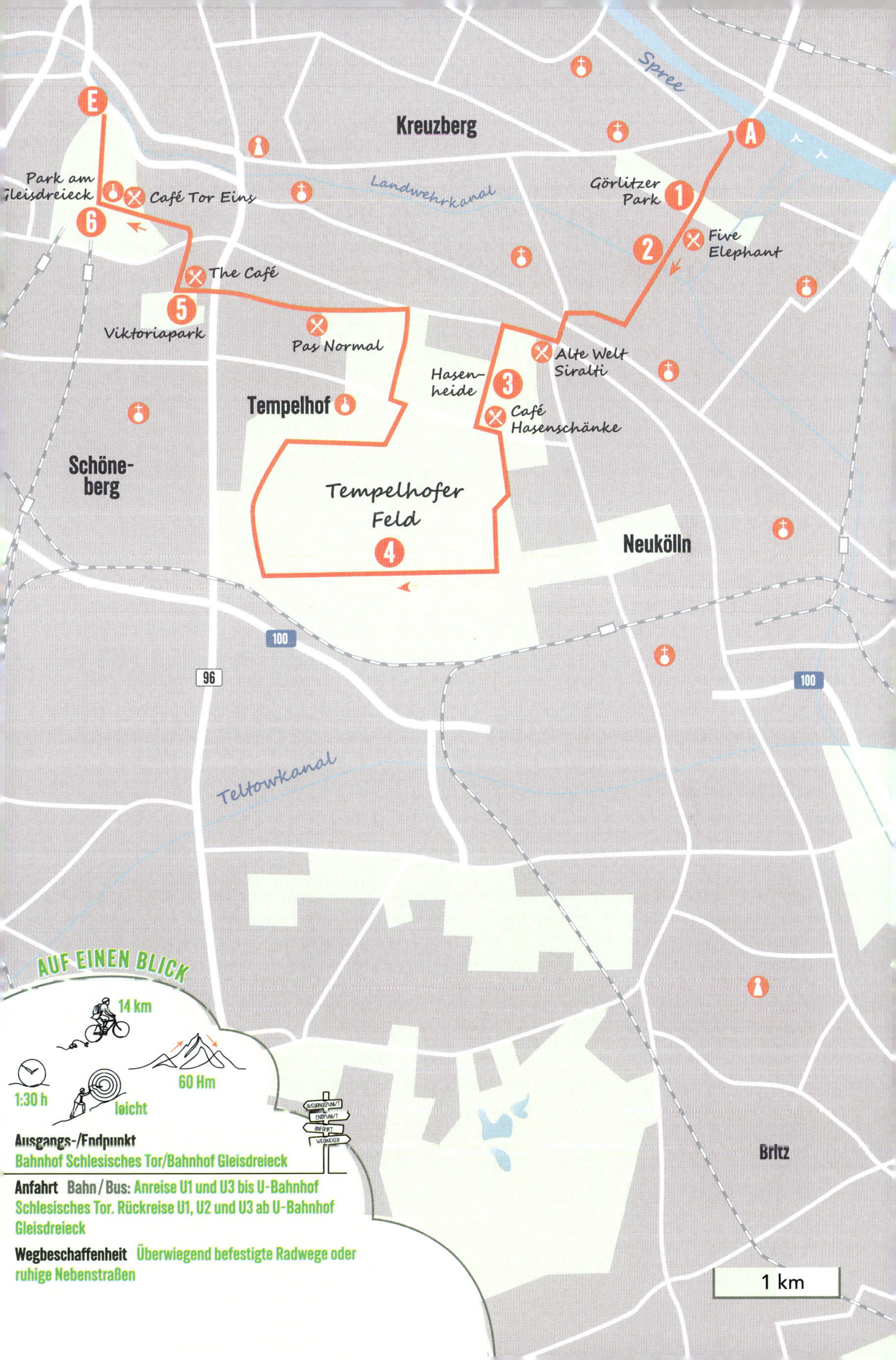

AUF EINEN BLICK

14 km

60 Hm

1:30 h

leicht

Ausgangs-/Endpunkt Bahnhof Schlesisches Tor/Bahnhof Gleisdreieck

Anfahrt Bahn / Bus: Anreise U1 und U3 bis U-Bahnhof Schlesisches Tor. Rückreise U1, U2 und U3 ab U-Bahnhof Gleisdreieck

Wegbeschaffenheit Überwiegend befestigte Radwege oder ruhige Nebenstraßen

18

EINMAL QUER DURCH KREUZBERG

RADTOUR MIT AUSSICHT

Dieser Bezirk zwischen Spree, Neukölln und Mitte bietet weit mehr als nur den Landwehrkanal und die Bergmannstraße. Kreuzberg steht für bunte Kultur, alternative Lebensmodelle und Ideenreichtum. Ob Urban Gardening in den Prinzessinnengärten, Streetfood in der Markthalle Neun oder Moderne Kunst in der Berlinischen Galerie: Kreuzberg lässt in puncto Vielfältigkeit keine Wünsche offen. Hier treffen Tradition und Moderne aufeinander, und das spiegelt sich in den Straßencafés, Kunstgalerien und unkonventionellen Geschäften wider. Das multikulturelle kulinarische Angebot ist ein weiteres Highlight. Von türkischen Dönerläden bis zu veganen Restaurants hat der Bezirk für jeden Geschmack etwas im Angebot. Der Bezirk Kreuzberg ist ein Schmelztiegel der Kreativität und Toleranz, der Besucher mit seinem einzigartigen Flair und seiner offenen Mentalität fasziniert. Auf dieser Rundtour radeln wir einmal kreuz und quer durch diesen urbanen Bezirk. Vorbei am Kanal, der Bergmannstraße, dem Gleisdreieck, dem Jüdischen Museum sowie dem Mariannenplatz. Es ist ein Versuch, die schönsten Ecken des Bezirks abzuradeln.

1

KM 0

MARIANNENPLATZ

Ein Ort wie kein anderer

2

KM 2

PRINZESSINNENGÄRTEN

Grüne Oase

3

KM 4

MUSEEN

Zwei renommierte Häuser

4

KM 7

BEDRÜCKENDE AUSSTELLUNG

NS-Terror

Im Bethanienhaus befindet sich das Café Drei Schwestern. Im Sommer kann man draußen sitzen und leckeren Kuchen genießen.

»Dit is Berlin«

KM 9

PARK AM GLEISDREIECK

Pause gefällig?

KM 11

DER KREUZBERG

Beliebter Aussichtspunkt

KM 14

LANDWEHRKANAL

Am Kanal ist immer etwas los

Die Aussicht von Kreuzberg ist grandios.

KM 0

Die Radtour beginnt am berühmt-berüchtigten Mariannenplatz. Mit Park, Wagenburg, Kirche und urigen Eckkneipen spiegelt der Platz sehr gut die Atmosphäre von Kreuzberg wider.

1 **Der Mariannenplatz** ist ein Ort von geschichtlicher Bedeutung und pulsierendem städtischem Leben. Benannt nach Prinzessin Marianne von Preußen, präsentiert sich der Platz als bedeutendes Zentrum für Kultur, Gemeinschaft und urbanem Flair. Zentrum ist das Bethanienhaus – früher ein Krankenhaus, heute ein kulturelles Zentrum, in dem Kunstausstellungen, Konzerte und Veranstaltungen stattfinden. Der Platz selbst ist von Bäumen gesäumt und bietet eine angenehme Umgebung für Spaziergänger und Anwohner.

KM 2

Wir fahren Richtung Süden auf der Mariannenstraße bis zum Heinrichplatz und schwenken dann rechts auf die quirlige Oranienstraße. Auf der Oranienstraße befinden sich noch einige schöne Hinterhöfe, für die es sich lohnt, mal links und rechts vom Weg abzukommen.

TRAUMHAFT

MUSEUMS-HOPPING

Wie wär's zwischendurch mit Kultur statt Radtour? Mit dem Drei-Tage-Museumspass lassen sich 30 Museen der Stadt erkunden. Das macht man auch als Berliner viel zu selten.

2 Am Moritzplatz auf der linken Seite befinden sich die Prinzessinnengärten, eine grüne Oase mitten im trubeligen Kreuzberg. Hier sollte man unbedingt das Fahrrad abstellen, anschließend nicht vergessen, und den Gärten einen Besuch abstatten – sie sind täglich ab 10 Uhr geöffnet. Die Prinzessinnengärten sind ein urbaner Nutzgarten. Hier gärtnern Menschen unterschiedlicher Altersgruppen und Hintergründe gemeinsam, fördern ökologische Nachhaltigkeit und schaffen einen Ort der Begegnung. Auf einer seit Jahrzehnten brachliegenden Fläche wird hier mitten in Berlin Gemüse angebaut. Im Gartencafé und in der Gartenküche kann man kulinarische Köstlichkeiten probieren. Es gibt Workshops, Bildungsprogramme und Veranstaltungen, die sich mit Themen wie Nachhaltigkeit, Umweltschutz und gesunder Ernährung befassen.

Prinzessinnengärten

KM 4

An der Alten Jakobstraße radeln wir nach links. Sie ist meine Lieblingsstraße fürs Fahrradfahren. Hier ist es meist angenehm leer und wir kommen ampelfrei ein ganzes Stück von Mitte nach Kreuzberg.

3 Mit Berlinischer Galerie und Jüdischem Museum kommen Museumsfans in dieser Gegend gleich zweimal auf ihre Kosten. Es handelt sich um zwei bedeutende kulturelle Institutionen, die jeweils einzigartige Einblicke in Kunst und Geschichte bieten. Die Berlinische Galerie ist ein Museum für moderne Kunst, Fotografie und Architektur. Das Jüdische Museum Berlin, entworfen von Daniel Libeskind, ist ein architektonisches Meisterwerk, das die Geschichte der Juden in Deutschland eindrucksvoll erzählt. Beide Museen besitzen schöne Museumscafés.

Jüdisches Museum

Im Café Dix in der Berlinischen Galerie kann man im Sommer bei einem Cappuccino herrlich draußen sitzen.

KM 7

Hinter dem Jüdischen Museum biegen wir rechts ab auf einen Fußweg. Dahinter fahren wir links und gleich wieder rechts. Wir radeln über den Mehringplatz hinweg und weiter auf die Stresemannstraße. An der Anhalter Straße schwenken wir nach rechts, an deren Ende fahren wir links und gleich wieder rechts. Wir radeln bis zur Friedrichstraße, dort biegen wir links und gleich wieder links ab.

4 **An der Zimmerstraße** stehen noch Reste der Berliner Mauer. Dahinter befindet sich die Ausstellung »Topografie des Terrors«, ein bedrückender Ort, der sich der dunklen Vergangenheit Deutschlands während der Zeit des Nationalsozialismus widmet. Das Gelände, auf dem das Dokumentationszentrum steht, war einst Sitz der zentralen Institutionen der nationalsozialistischen Verfolgungsapparate. Die Ausstellung beleuchtet die Verbrechen des NS-Regimes und bietet einen tiefen Einblick in die systematische Verfolgung von Millionen Menschen. Dokumente, Fotografien und persönliche Geschichten von Opfern verdeutlichen die Schrecken dieser Zeit.

KM 9

Wir radeln bis zum Ende der Zimmerstraße und fahren nach links auf die Stresemannstraße. Hinter dem Anhalter Bahnhof halten wir uns rechts und fahren in den Elise-Tilse-Park. An dessen Ende radeln wir über eine Fußgängerbrücke in den Park am Gleisdreieck.

Ausstellung »Topografie des Terrors«

Kaskaden im Viktoriapark

5 **Der Park am Gleisdreieck** ist eine grüne Oase im Herzen der Stadt, in der Natur, Erholung und Industriegeschichte verschmelzen. Das Areal war einst ein stillgelegter Güterbahnhof und ist heute ein beliebtes Ausflugsziel. Das besondere Flair des Parks entsteht aus der gelungenen Integration von ehemaligen Industrieanlagen und moderner Landschaftsarchitektur. Alte Bahngleise, Brücken und Signalanlagen erinnern an die Vergangenheit des Ortes, während grüne Wiesen, Spielplätze und Wege für eine gelungene Freizeitgestaltung sorgen. Radfahrer, Jogger und Spaziergänger teilen sich die Wege, während Picknickplätze und Grünflächen zum Verweilen einladen. Mit Skateanlage und Kletterpark kommen sportlich Aktive auf ihre Kosten. Im Café Tor Eins laden Kaffee und Kuchen zu einer Sattelpause ein.

KM 11

Hinter den alten Gebäuden des einstigen Güterbahnhofs fahren wir nach links und dann weiter geradeaus auf die Hornstraße. An der Großbeerenstraße halten wir uns rechts und radeln geradewegs zum Viktoriapark.

6 **Der Viktoriapark** ist benannt nach der Siegessäule des preußischen Architekten und Stadtplaners Karl Friedrich Schinkel. Die Säule auf dem Kreuzberg erinnert an den Sieg gegen Napoleon in den Befreiungskriegen. Der Kreuzberg befindet sich im Zentrum des Parks. Er ist ein künstlich geschaffener Hügel, der sich den Parkbesuchern als Aussichtspunkt anbietet. Von hier aus kann man das Panorama Berlins bewundern und den Sonnenuntergang zelebrieren. Die plätschernde Wasserfallkaskade am Fuße des Kreuzbergs ist ein weiteres Highlight des Parks.

Riehmers Hofgarten

An der Großbeerenstraße 55 befindet sich Riehmers Hofgarten, ein Ensemble mit prunkvollen Fassaden und wunderschönem Innenhof.

TRAUMHAFT

AUSBLICK

Die Aussicht hoch oben vom Viktoriapark – vor allem zum Sonnenuntergang – ist einfach traumhaft. Der steile Aufstieg auf die höchste innerstädtische Erhebung Berlins lohnt sich!

KM 14

Vor dem Viktoriapark biegen wir rechts ab in den quirligen Bergmannkiez. Am Südstern schwenken wir nach links auf die Körthestraße und radeln weiter auf der Gräfestraße in den gleichnamigen Kiez. An der Dieffenbachstraße biegen wir rechts ab und nehmen die Nächste links zum Landwehrkanal. Hinter der Brücke biegen wir rechts ab auf einen Wanderweg entlang des Landwehrkanals.

7 **Eine Radtour durch Kreuzberg** ohne einen Abschnitt entlang des Kanals wäre wohl unvollständig. Ich finde, die Strecke hier am Kanal bringt Berlin eigentlich am besten auf einen Nenner. Man trifft Jogger, Paare mit Hunden, Latte-Macchiato-Mütter mit ihren Kinderwagen, Hipster mit nicht enden wollenden Bärten, Omis beim Spazieren oder den ein oder anderen Nachtschwärmer beim Ausnüchtern auf der Parkbank – also Berlin von seiner authentischen und schönsten Seite. Ursprünglich im 19. Jahrhundert als Verteidigungsgraben angelegt, hat sich der Landwehrkanal im Laufe der Zeit zu einem beliebten Naherholungsgebiet entwickelt. Seine Uferpromenaden laden zu gemütlichen Spaziergängen oder zum Boulespielen ein.

Wir radeln entlang des Ufers bis zum Görlitzer Park, den die Berliner kurz »Görli« nennen, und durchqueren diesen einmal. Am Ende halten wir uns rechts und fahren rechts entlang des Lausitzer Platzes. Dann geht es weiter geradeaus auf der Eisenbahnstraße, an der Wrangelstraße schwenken wir nach links und radeln zurück zum Startpunkt dieser Tour.

AUF EINEN BLICK

18 km

1:30 h

leicht

50 Hm

Ausgangs-/Endpunkt Mariannenplatz

Anfahrt Auto: Über die Skalitzer Straße und weiter auf der Mariannenstraße; Bahn / Bus: S3, S5, S7, S9, S75 sowie Regional- und Fernverkehr zum Ostbahnhof

Wegbeschaffenheit Vorwiegend ruhige Nebenstraßen, wenige Radwege, viele Kopfsteinpflasterstraßen

19

TOUR FÜR DIE GANZE FAMILIE

TIERE, EISLÄDEN UND NATUR

Auf dieser Familien-Fahrradtour durch Berlin stehen Natur, Spaß und Sport auf dem Programm. Eltern werden es kennen: Manchmal kann es schwierig sein, Kinder zum Fahrradfahren zu animieren. Da hilft es, verschiedene Zwischenstopps einzulegen, die das Angenehme mit dem Nützlichen verbinden und Vorfreude bei den Kindern schüren. Und was das angeht, ist diese Radtour ideal, hält sie doch allerlei Zwischenstopps für die Kleinen bereit – vom Bauernhof über Eisläden und Pferdekoppeln bis hin zu einem Wildtiergehege. Spielplätze finden sich natürlich auch an vielen Ecken. Und vielleicht entdecken die Erwachsenen dabei ebenfalls nochmal neue Ecken von Berlin. Die Radtour kann an den einzelnen Stationen selbstverständlich nach Belieben gestaltet und gegebenenfalls gekürzt werden. Durch die Nähe zu Berlin finden sich immer wieder Bahnhöfe, von denen aus man die Heimreise antreten kann.

1

KM 2

PINKEPANKE

Schafe und Ziegen streicheln

2

KM 3

BERLINER MAUERWEG

Radweg entlang an Geschichte und Natur

3

KM 6

LANDHAUS ROSENTHAL

Freizeitstätte mit vielen Angeboten

Bei »Alphi's Eis«, Ecke Heyn- und Florastraße, gibt es täglich wechselnde Eissorten und Kindereisbecher mit Glitzersoße.

Tegeler See

4

KM 8

ALTE FASANERIE

Basteln, Töpfern und Holzarbeiten

5

KM 11

WALDBAD LUBARS

Baden und Freibad-Pommes

6

KM 19

WILDTIERGEHEGE

Dammwild und Wildschweine

Die berühmte Sechser-Brücke in Tegel

KM 2

Die Radtour beginnt am S-Bahnhof Pankow. Wir verlassen das alte Bahnhofsgebäude Richtung Florastraße und schwenken nach links. Wir radeln bis zum Ende der Straße, dann links und gleich wieder rechts. An der nächsten Kurve schwenken wir nach links in die Straße Am Bürgerpark.

1 **Der Kinderbauernhof** PinkePanke bringt das Landleben in der Großstadt. Ein besonderes Highlight für Kids ist es, die mehr als 70 Tiere mit Unterstützung durch die Mitarbeiter zu füttern. Auf dem Hof können Gäste sogar im duftenden Stroh oder in selbstgebauten Hütten übernachten. Kinder können nach Herzenslust spielen, toben, Tiere streicheln oder gebannt einer Märchenerzählerin lauschen. Ursprünglich bestand der Bauernhof PinkePanke aus einigen provisorischen Bauwagen, die seit der Gründung Anfang der 1990er-Jahre durch drei in traditioneller Bauweise errichtete Fachwerk- und

TRAUMHAFT

LANDLEBEN IN BERLIN

Der Kinderbauernhof PinkePanke ist ein toller Lern- und Spielort für Kinder und bringt den Kleinen das Landleben näher. 70 Tiere leben hier und können auch gefüttert und gepflegt werden.

Lehmhäuser ersetzt wurden. Als nächstes Projekt steht der Bau eines großzügigen Spielhauses mit Küche, Spiel- und Bastelraum sowie einem Sanitärbereich auf dem Plan. Damit setzt der Bauernhof weiterhin auf nachhaltige Entwicklung und schafft einen Raum für unvergessliche Erlebnisse inmitten der urbanen Umgebung von Berlin.

Hier radelt es sich gemütlich.

KM 3

Wir fahren weiter geradeaus vorbei am Friedhof Pankow III und halten uns an dessen Ende links. Wir können hier auch der Beschilderung des Berliner Mauerwegs folgen. Wir radeln über die Provinzstraße hinweg und hinter dem Supermarkt entlang. Es geht über der Klemkestraße hinweg, dann fahren wir auf einem traumhaften Radweg weiter.

Spielplätze entlang der Route

2 **Auf den Spuren** des ehemals geteilten Berlins führt das »Grüne Band« von der Innenstadt bis zum Naherholungsgebiet Barnim. Die Wegstrecke zeichnet auf etwa 15 Kilometern den ehemaligen Verlauf der Berliner Mauer nach. Vielerorts stößt man auf eindrucksvolle Relikte der Stadtgeschichte. Stationen sind unter anderem der Mauerpark, die Reste von Grenzanlagen am S-Bahnhof Wollankstraße, der Nordgraben, das Dorf Rosenthal sowie das Tegeler Fließ mit dem malerischen Naturschutzgebiet Niedermoorwiesen. Auf dem Stück ab der Klemkestraße wurde ein sehr breiter Radstreifen angelegt, Birken säumen den Weg und spenden Schatten an heißen Sommertagen. Man mag kaum glauben, dass man noch in Berlin ist.

Der Kiezladen Wilhelmsruh wird von Ehrenamtlichen betrieben und bietet vorwiegend regionale Produkte wie Brot, Eier, Käse und Obst.

Landhaus Rosenthal

KM 6

An der Kopenhagener Straße radeln wir nach rechts ins beschauliche Wilhelmsruh. Nun fahren wir immer geradeaus. An der Hauptstraße 94 steht die Kinder- und Jugendfreizeitstätte »Landhaus Rosenthal«.

3 **Das ehemalige Pionierhaus** und heutige »Landhaus Rosenthal« hat sich im Laufe der Jahre zu einer Jugendfreizeitstätte sowie einem Kulturzentrum und Ortsteilzentrum mit großem Gartenbereich entwickelt. Die Kursangebote sind vielfältig. So gibt es etwa eine Musikschule, außerdem Malkurse sowie Bastel- und Sportangebote. Die Besucher können es sich zudem in einem Café gutgehen lassen, sie können sich auf Billardtische und Gesellschaftsspiele freuen sowie auf ein Außengelände für Fußball, Basketball, Volleyball. Auch Kettcars, eine Slackline und Outdoorspielen stehen zur Verfügung. Genauere Informationen und die Öffnungszeiten finden sich auf der Webseite www.landhaus-rosenthal.de. Alljährlich finden darüber hinaus unterschiedliche Kinderfeste statt, die bei Anwohnern und Ausflüglern sehr beliebt sind.

Dorfkirche und Kopfsteinpflaster in Berlin-Rosenthal

Waldbad Ziegeleisee in Lübars

KM 8

Am Wilhelmsruher Damm radeln wir nach links und an der Quickborner Straße nach rechts auf ein kurzes Stück Kopfsteinpflaster. Wir fahren vorbei am ehemaligen Mauerstreifen und immer geradeaus. An der Quickborner Straße 100 folgen wir rechts dem Schild zur Alten Fasanerie.

4 **Die ehemalige Familienfarm** Lübars heißt heute Alte Fasanerie und ist ein wirklich toller Ort für Kinder. Denn hier gibt es viele Spielmöglichkeiten und Tiere wie Hühner, Pferde und Meerschweinchen zum Angucken. Das Café Schöngrün serviert Frühstück bis 16 Uhr und Kinder können zwischen Freizeitangeboten wählen wie Töpfern, Holzwerkstatt oder Bastelnachmittagen. Familien können hier durchaus eine längere Pause einlegen und über das Gelände spazieren. Schön ist es auch, zur Lübarser Höhe zu laufen, von der man eine tolle Sicht über das Märkische Viertel und bis zu den Arkenberger Bergen hat. Rund um die Höhe gibt es viele Wanderwege und bei gutem Wind sind hier viele Menschen mit großen Kites anzutreffen.

KM 11

Wir fahren wieder zurück zur Quickborner Straße und biegen dann nach rechts ab. Wir folgen dem Straßenverlauf und biegen am Zabel-Krüger-Damm links ein. An der Straße Am Vierrutenberg biegen wir rechts ab zum Freibad Lübars.

5 **Es gibt im Sommer** doch nichts Schöneres als Schwimmen und Freibad-Pommes. Beides wird im idyllischen Waldbad am Ziegeleisee geboten. Das Freibad ist traumhaft gelegen in einem kleinen Waldgebiet und bietet Rutschen, einen Sprungturm und einen Nichtschwimmerbereich. Für die Freibad-Pommes sorgt ein Imbiss, daneben gibt es auch ein Restaurant. Liegen und Strandkörbe machen das Urlaubsfeeling perfekt. Für mich ist es das schönste Freibad Berlins. Bademeisteransagen mit Berliner Schnauze gibt es gratis dazu. Der Name Ziegeleisee stammt übrigens von den hier früher ansässigen Ziegeleien, die unter anderem die Ziegel für das Reinickendorfer sowie Rote Rathaus hergestellt haben. Heute ist von den Fabriken leider kaum noch etwas übriggeblieben.

Wildtiergehege Tegeler See

Im Café Wetterstein in Alt-Tegel kann man die Radtour bei Kuchen und Kaffee gemütlich ausklingen lassen.

TRAUMHAFT

Tegeler See

Empfehlenswert ist auch eine Tour um den Tegeler See. Man radelt entspannt am Ufer entlang und es gibt zahlreiche Gelegenheiten zum Abkühlen oder Einkehren.

KM 19

Hinter dem See biegen wir nach links ab und fahren vorbei am malerischen Hermsdorfer See. An dessen Ende halten wir uns links und biegen am Zehntwerderweg rechts ein. Wir fahren immer geradeaus bis zum Waidmannsluster Damm, wo wir rechts abbiegen. Wir radeln abermals immer geradeaus und vorbei am Tegeler Hafen. Am Radweg An der Malche schwenken wir nach rechts und folgen dem Weg in den Tegeler Forst. Am Ende radeln wir links und nach etwa einem Kilometer befindet sich rechts ein Wildtiergehege.

6 **Hier im Tegeler Forst** können wir im Wildtiergehege heimische Tierarten wie Damhirsche und Wildschweine beobachten. Dieses Tiergehege ist neben denen in Blankenfelde und Spandau eines von drei Wildtiergehegen der Berliner Forsten. Die Kids bekommen meist leuchtende Augen, wenn sie Damwild und Wildschweine aus nächster Nähe bestaunen können. Rund um die Wiese befinden sich zudem Lehrtafeln über Bienen und Honig. So ergänzt spielerisches Lernen den Aufenthalt in der Natur. Daneben ist der Tegeler Forst auch ein Erlebnis an sich. Viele Wanderwege führen durch den alten Baumbestand. Vorn am Wasser befindet sich ferner die Badestelle Reiherwerder, bei der man ins kühle Nass springen oder einfach die Aussicht genießen kann.

Es geht wieder zurück auf dem gleichen Weg, nur an der Karolinenstraße biegen wir nun rechts ab zum U-Bahnhof Alt-Tegel. Ambitionierte Radler können die Tour verlängern und eine Runde um den Tegeler See radeln.

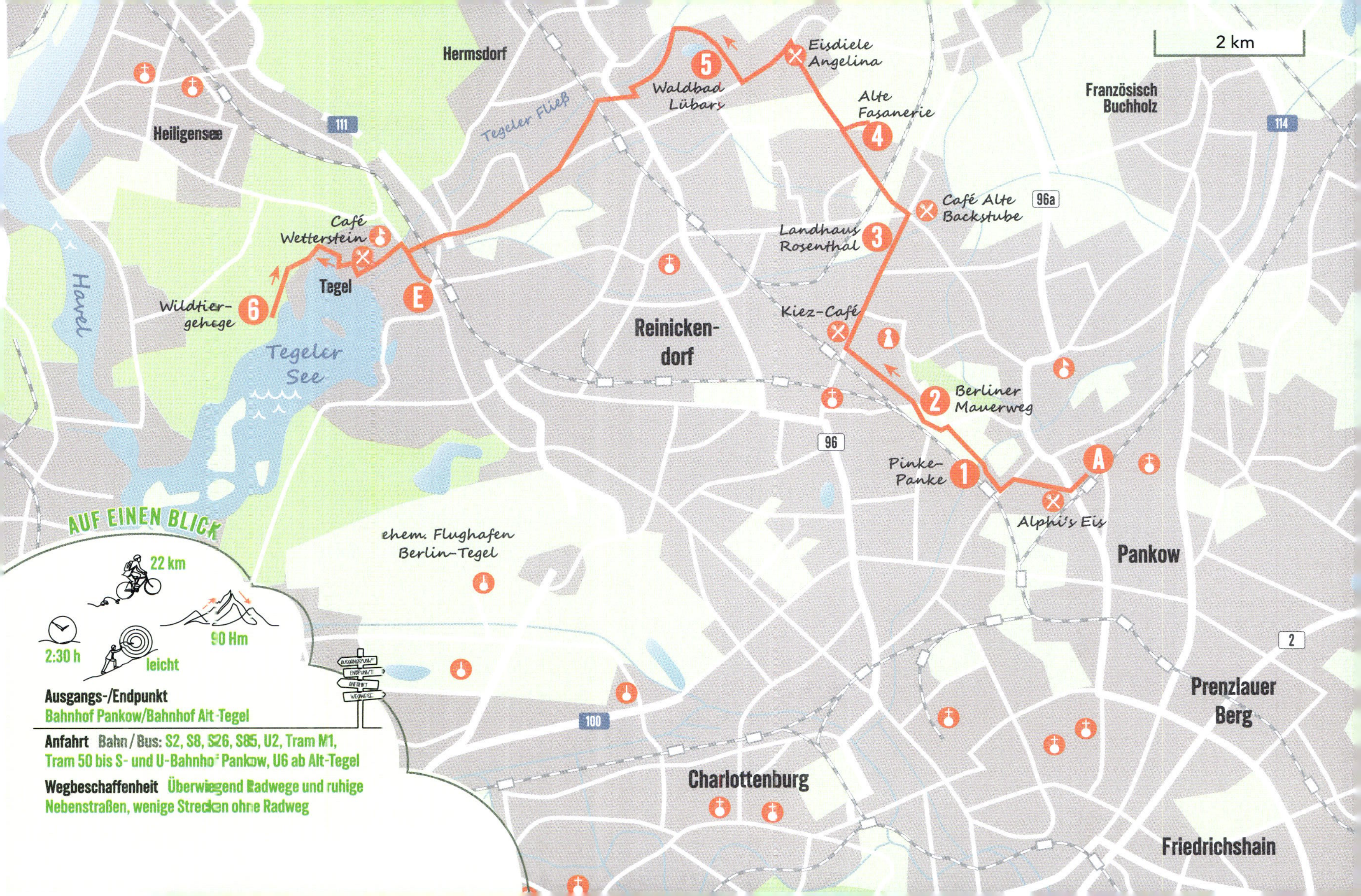

AUF EINEN BLICK

22 km

2:30 h

90 Hm

leicht

Ausgangs-/Endpunkt Bahnhof Pankow/Bahnhof Alt-Tegel

Anfahrt Bahn / Bus: S2, S8, S26, S85, U2, Tram M1, Tram 50 bis S- und U-Bahnhof Pankow, U6 ab Alt-Tegel

Wegbeschaffenheit Überwiegend Radwege und ruhige Nebenstraßen, wenige Strecken ohne Radweg

20

UNTERWEGS IN BERLIN MITTE

HIGHLIGHTS DER STREETART

Streetart ist in Berlin eine faszinierende und bedeutende Facette der städtischen Kultur. Die deutsche Hauptstadt hat sich zu einem weltweiten Zentrum hierfür entwickelt – die Straßen und Häuserwände dienen nationalen und internationalen Künstlern als lebendige Leinwände. Berlin ist berühmt für seine bunte Mischung aus politischer, sozialer und künstlerischer Streetart, die die Stadt zu einem riesigen Freiluftmuseum macht. Die Geschichte dieser Kunstrichtung in Berlin reicht zurück in die Zeit der Mauer, als die Westseite der Stadt eine kreative Zuflucht für Künstler wurde, die politische Botschaften durch ihre Werke ausdrücken wollten. Heute sind die Straßen von Berlin von Graffiti, Paste-ups und Stencils geprägt. Sie decken eine breite Palette von Themen ab, von politischem Aktivismus bis zu rein ästhetischer Selbstexpression. Auf dieser Radtour sehen wir einige der berühmtesten Streetart-Wandbilder der Stadt und radeln zugleich an mancher Sehenswürdigkeit vorbei.

1

KM 0

BERÜHMTER ELEFANT

Tierisch beeindruckendes Mural

2

KM 2

GENDARMENMARKT

Der schönste Platz von ganz Berlin

3

KM 4

HAUS SCHWARZENBERG

Ein Hinterhof voller Streetart

Das Museum Blindenwerkstatt ist Otto Weidt gewidmet, der im Zweiten Weltkrieg blinde und gehörlose Juden gerettet hat.

Haus Schwarzenberg: ein Ort, der sehr zu Berlin passt.

4

KM 6

DIE 20-METER-FRAU

Der Name des Murals ist Programm

5

KM 8

HOLZMARKT 25

Lieblingsplatz an der Spree

6

KM 11

RAW-GELÄNDE

Dit is Berlin: vielseitig und kreativ

Der römische zweigesichtige Gott Janus

KM 0

Beginn der Tour ist an der Franz-Klühs-Straße 5 in Berlin-Mitte. Im Theodor-Wolff-Park können wir das erste Gemälde bestaunen.

»Elefant mit Weltballon« von Jadore Tong

1 Das erste Mural ist der »Elefant mit Weltballon« von Jadore Tong in Berlin Kreuzberg. Es gilt als das schönste, farbenfrohste und bekannteste Mural Berlins. Diese Farbenfreude hat dazu beigetragen, dass das Werk dieses Graffiti-Künstlers auch weltweit Anerkennung gefunden hat. Die Absicht von Tong war es, zwischen der Tristesse der umliegenden Wohnhochhäuser etwas Lebendiges zu schaffen. Über einen Zeitraum von etwa vier Wochen arbeitete er gemeinsam mit seinen Helfern an diesem beeindruckenden 24 Meter hohen Wandgemälde. Durch die starken Kontraste ist es gleichsam ein Symbol für Berlin selbst – manchmal bunt, manchmal grau.

TRAUMHAFT

STREETART-MUSEUM

Im Urban Nation Museum in Schöneberg kann man die Entstehungsgeschichte der Streetart verfolgen und über 100 Exponate bestaunen.

Gendarmenmarkt

KM 2

An der Franz-Klühs-Straße 9 und 11 befinden sich weitere Murals. Wir radeln auf der Franz-Klühs-Straße Richtung Osten und schwenken an der Friedrichstraße nach links. An der Zimmerstraße biegen wir rechts ab und nehmen die nächste links. Wir radeln über die Leipziger Straße hinweg und weiter geradeaus, vorbei am Gendarmenmarkt.

2 **Der Gendarmenmarkt**, auch als »Schönster Platz Berlins« bekannt, ist zweifelsohne einer der prächtigsten und geschichtsträchtigsten Plätze der deutschen Hauptstadt. Das Zentrum des Platzes wird von dem Deutschen und dem Französischen Dom sowie dem Konzerthaus in ihrer Mitte dominiert. Ursprünglich von Friedrich I. als Exerzierplatz für die »Gens d'Armes«, französisch für »Genossen der Waffen«, konzipiert, wurde der Platz im Laufe der Zeit für Märkte, Feierlichkeiten und kulturelle Veranstaltungen genutzt. Viele Veranstaltungen, wie der traditionelle Weihnachtsmarkt oder das Classic Open Air, locken jedes Jahr zahlreiche Besucher an.

KM 4

Wir fahren weiter bis Unter den Linden. Dort radeln wir nach rechts und vor dem Deutschen Historischen Museum nach links. Wir folgen dem Straßenverlauf, fahren über die Museumsinsel und weiter geradeaus. Am Hackeschen Markt steigen wir ab, um das Rad über die Ampel an der Rosenthaler Straße zu schieben. Wir halten uns rechts und laufen zur Rosenthaler Str. 39, dem Haus Schwarzenberg.

Sticker-Kunst im Haus Schwarzenberg

Das Café des Bode-museums ist ohne Eintritt zugänglich. Bei leckerem Kuchen kann man die wunderschöne Kuppelhalle bestaunen.

Streetart aller Orten

3 **Eine andere Welt** betritt man, wenn man die trubelige Rosenthaler Straße verlässt, um zum Hof von Haus Schwarzenberg zu gelangen. Dieser Ort schreit förmlich nach Berlin. Graffiti, Stencils, Sticker und bunte Wandgemälde überall. Der Hof beherbergt heute unter anderem das Museum Blindenwerkstatt Otto Weidt, das Anne-Frank-Museum, das Arthouse-Kino Central sowie das urige Café Cinema. Im Restaurant Eschschloraque am Ende des Hofes kann man im Sommer in einzigartiger Atmosphäre draußen sitzen.

KM 6

Wir verlassen den Hinterhof, schwenken auf der Rosenthaler Straße nach links und die nächste nach rechts. An der Max-Beer-Straße biegen wir links ab, fahren bis zum Ende und wechseln dann rechts auf die Linienstraße. An der Weydinger Straße schwenken wir nach links und gleich wieder nach rechts. An der großen Kreuzung biegen wir links ab. Bevor wir auf der Straße Prenzlauer Berg rechts abbiegen, drehen wir uns noch einmal um: Denn auf der anderen Straßenseite sehen wir das Mural »Herr ZYIA«. Dann fahren wir immer geradeaus zum Märchenbrunnen.

»Es geschah im November« von Kani Alavi

Holzmarkt mit Biergarten, Bars und Restaurants

4 **Am Friedrichshain 33** befindet sich das Mural der »20-Meter-Frau« von Tristan Eaton. Die Malerei ist eine Interpretation der berühmten Filmplakate für den Science-Fiction-Film »Angriff der 20-Meter-Frau« aus den 1950er-Jahren. Diese Verbindung wird durch die farbenfrohen floralen Ornamente deutlich, die an die kultigen Tapetenmuster der 50er- und 60er-Jahre erinnern sollen. Das Mural entstand 2014 im Rahmen des Projektes »One Wall« des Urban Nation Museums, bei dem nationale und internationale Künstler Hauswände in den Berliner Kiezen verschönerten.

KM 8

An dem Mural der »20-Meter-Frau« kehren wir um und biegen an der Friedenstraße links ein. Nun radeln wir immer geradeaus, über den Strausberger Platz hinweg und an der Holzmarktstraße nach links. Die Hausnummer 25 ist dank ihrer bunten und ungewöhnlichen Architektur kaum zu übersehen.

5 **Der Holzmarkt 25** ist ein Zentrum für Kreativität, Gemeinschaft und nachhaltiges Denken. Dieses einzigartige Projekt hat sich zu einem Symbol für alternative Lebensstile entwickelt und ist traumhaft direkt am Ufer der Spree gelegen. Ursprünglich als

RAW-Gelände in Friedrichshain

Das RAW Gelände ist so bunt, dreckig und urban und passt damit zu Berlin wie kaum ein anderer Ort.

TRAUMHAFT

STREETART

Berlin hat viele berühmte Murals, Wandbilder und Graffitis zu bieten. Die Internetseite www.vagabundler.com bietet eine Karte mit allen sehenswerten Kunstwerken dieser Art.

temporäres Projekt gestartet, hat sich der Holzmarkt 25 zu einem festen Bestandteil des Berliner Stadtbildes entwickelt. Dasüber 12.000 Quadratmeter große Areal beherbergt eine Vielzahl von Restaurants, Bars, originellen Läden und Kunstgalerien. Der Biergarten mit Sitzgelegenheiten direkt am Wasser ist im Sommer einer meiner Lieblingsplätze. Am Wochenende wird es oft voll.

KM 11

Wir fahren weiter geradeaus, vorbei an der berühmten East Side Gallery. An der Warschauer Straße biegen wir links ab und hinter der Brücke radeln wir rechts auf die Revaler Straße.

6 **Das RAW-Gelände** passt zu Berlin wie kaum ein anderer Ort. Geschichte trifft auf Kreativität und alternative Kultur. Zu Zeiten der Weimarer Republik befand sich hier das Reichsbahn-Ausbesserungswerk (kurz RAW), erst ab 1991 stellte die Bahn den Betrieb schrittweise ein. Heute ist das RAW-Gelände ein vielseitig genutztes Areal mit Clubs, Bars und Kunstgalerien. Auch hier findet sich allerhand Streetart. Am Wochenende lockt der Flohmarkt Schnäppchenjäger und Sammler an.

Wir fahren wieder zurück zur Warschauer Straße. Dort biegen wir links ab zum S-Bahnhof Warschauer Straße, von wo wir die Rückreise antreten können.

Ausgangs-/Endpunkt Theodor-Wolff-Park/ S-Bahnhof Warschauer Straße

Anfahrt Bahn/Bus: U1, U3 und U6 zum Halleschen Tor, S3, S5, S7, S9, S75, U1 und U3 von Warschauer Straße

Wegbeschaffenheit Vorwiegend ruhige Nebenstraßen und Fahrradstraßen. Es gibt eher selten Radwege.

»Berlin East Side Gallery Trabant« von Jeroen Kleiberg

BIRGIT KINDER
VII. 1990
IX. 1996
IX. 1998
V. 2000
VII. 2009
Birgit K.
09.07.09

NACHHALTIGKEITSKODEX

Die Welt birgt viele Wunder, Abenteuer und spektakuläre Aussichten, die wir gerne erkunden möchten. Doch sie ist auch leicht aus dem Gleichgewicht zu bringen. Hier ein paar Tipps, wie wir unsere Welt nachhaltig entdecken können:

- **Die Hauptsaison meiden:** Wenn wir nicht auf die Ferienzeiten angewiesen sind, können wir der Umwelt einen großen Gefallen tun, indem wir in der Nebensaison verreisen. Damit tragen wir zu einer gleichmäßigeren Auslastung der Umwelt und der Infrastruktur bei, und der Urlaub wird zudem auch noch wesentlich entspannter.
- **Auf umweltschonende Verkehrsmittel setzen:** Wo möglich, reisen wir mit öffentlichen Verkehrsmitteln an. Das reduziert nicht nur die Luftverschmutzung, sondern schont auch unsere Nerven. Falls das mal nicht geht, helfen verschiedenste Plattformen dabei, den CO_2-Austoß auszugleichen, vor allem, wenn das gewünschte Reiseziel nur mit dem Flugzeug zu erreichen ist.
- **Nur dort parken und campen, wo es erlaubt ist:** Selbst wenn wir uns noch so vorbildlich verhalten und unseren Aufenthaltsort so zurücklassen, wie wir ihn vorgefunden haben, stören wir den Lebensraum von Wildtieren und hinterlassen Spuren und Gerüche. Auch Lagerfeuer entzünden wir ausschließlich an den dafür vorgesehenen Stellen und achten dabei auf Waldbrandstufen und Naturschutzgebiete.
- **Ressourcen gewissenhaft nutzen:** Manche Umweltressourcen sind bereits knapp, endlich sind auf jeden Fall alle. Um sie zu schonen, sollten wir sparsam mit ihnen umgehen, gerade in Gegenden, in denen zum Beispiel Wasser oder Strom nicht im Überfluss vorhanden sind.
- **Ein guter Gast sein:** Nachhaltig unsere Umgebung zu erkunden bedeutet auch, der hiesigen Flora und Fauna mit Respekt zu begegnen. Pflanzen sollten auf keinen Fall gepflückt werden, aber sie stehen bestimmt gerne Modell für das eine oder andere Foto. Das Gleiche gilt für wilde Tiere: Wir füttern sie nicht, halten Abstand und beobachten sie aus der Ferne.
- **Auf den Wegen bleiben:** Wer die vorgegebenen Wege verlässt, dringt nicht nur in die Rückzugsräume heimischer Arten ein, sondern trägt auch dazu bei, dass sich neue Wege bilden, was zur Erosion des Bodens führt.
- **Abfall wieder mitnehmen:** Plastikverpackungen, Dosen, Flaschen und Papiertaschentücher (es dauert Jahre, bis sie vollständig abgebaut sind!) gehören nicht in die Natur, sondern entsorgt. Am besten gleich eine wiederverwendbare Brotdose oder Trinkflasche mitnehmen.
- **Lokal kaufen:** Dadurch lernen wir Land und Leute besser kennen und unterstützen die regionale Wirtschaft. Außerdem sind regionale Produkte meist günstiger und hochwertiger.
- **Respektvoller Umgang:** Ein respektvolles Miteinander sollte stets unser Motto sein. Es tut nicht weh, einander zu grüßen und sich entgegenkommend zu verhalten. So haben Wanderer auf schmalen Wegen stets Vorrang. Bei Gegenverkehr gilt in steilem Gelände immer: Wer abfährt, hält an. So lassen sich die Wunder der Natur gemeinsam genießen.

Berlin hat so viel Natur zu bieten.

Auf dem Berliner Mauerweg

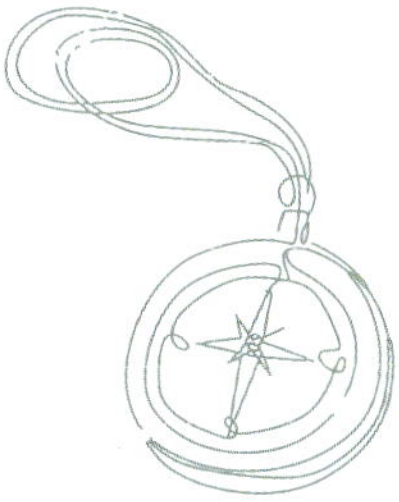

GPS-TRACKS

Was sind GPS-Tracks?

GPS-Tracks sind in vielerlei Hinsicht eine ideale Ergänzung für Deine Wanderung oder Radtour und vereinfachen die Navigation im Gelände. Es handelt sich um GPS-Koordinaten, die innerhalb einer Datei als Wegstrecke gespeichert sind und in eine beliebige App auf dem Smartphone (z. B. Komoot, Kompass-App, Outdooractive) importiert werden können. Anschließend kannst Du mithilfe Deines persönlichen GPS-Standorts den Wegverlauf über eine Karte verfolgen – und gelangst ohne Probleme an Dein Ziel.

Wie funktioniert der Download?

Am einfachsten gelangst Du mithilfe der ISBN dieses Buches zum Datendownload. Die Nummer findest Du in der Regel rechts unten auf der Rückseite des Buches, beginnend mit 9783.

Öffne nun den Verlagshaus24-Shop (verlagshaus24.de) und suche im Suchfeld nach der ISBN. **Wichtig: Eingabe der ISBN ohne Bindestriche!**

Bei Deinem Tourenführer angelangt, befindet sich unter dem Buchcover der Reiter »Downloads«, bei dem Du den GPS-Datendownload auswählen kannst.

Danach musst Du noch ein Passwort eingeben, welches Du dem Buch entnehmen kannst (Hinweis dazu auf der Website).

Wenn Du das richtige Passwort eingegeben hast, startet in vielen Fällen der Download automatisch. Der Download kann jedoch auch mit einem Klick auf »Download manuell starten« eingeleitet werden.

Als Datei erhältst Du nun einen Zip-Ordner, welcher die einzelnen Touren enthält. Bevor Du diese verwendest, musst Du den Ordner noch entpacken. Das machst Du am besten direkt auf dem Gerät, auf dem Du sie nutzen willst. Anschließend kannst Du die einzelnen GPS-Tracks in eine beliebige Outdoor-App importieren. Deiner Wanderung steht nun nichts mehr im Wege!

Aber Achtung: Folge nie einfach nur blind den Daten, das kann gefährlich werden. Beurteile trotzdem immer das Gelände vor Ort auch selbst und nimm Rücksicht auf die Umweltbedingungen. Und: Versichere Dich, dass Du den Weg auch findest, wenn der Akku leer sein sollte.

Solltest Du die GPS-Tracks zu Deinem Tourenführer nicht finden oder sollte der Download nicht funktionieren, wende Dich an:
gps-download@verlagshaus.de

Exklusiv für Sie als Leser:

MIT GPS-DATEN ZUM DOWNLOAD

unter: gps.bruckmann.de

REGISTER

IMPRESSUM

Verantwortlich: Kerstin Thiele
Lektorat: Claudia Weingartner
Layout und Satz: Silke Schüler
Cover- und Umschlaggestaltung: Matthias Frisch
Repro: LUDWIG:media
Kartografie: Eva Schmalfuß
Herstellung: Alexander Knoll
Printed in Poland by CGS Printing

Unser komplettes Programm finden Sie unter

www.bruckmann.de

Alle Angaben dieses Tourenführers wurden von den Autoren sorgfältig recherchiert sowie vom Verlag geprüft. Für die Richtigkeit der Angaben kann jedoch keine Haftung übernommen werden, weshalb die Nutzung auf eigene Gefahr erfolgt. Insbesondere bei GPS-Daten können Abweichungen nicht ausgeschlossen werden. Bei Links auf Webseiten Dritter machen wir uns die Inhalte derselben nicht zu eigen und übernehmen für diese keine Haftung.

Aus Gründen der besseren Lesbarkeit verwenden wir in diesem Buch das generische Maskulinum. Weibliche und anderweitige Geschlechter-Identitäten werden dabei ausdrücklich mitgemeint, soweit es für die Aussage erforderlich ist.

Bildnachweis: Alle Bilder stammen von der Autorin, außer: S. 4, 94: T Stern, Wikimedia; S. 5 o. und u., 15 r. o., 80.3, 83/84 u., 88.2, 90 o., 100 o., 129.5, 130, 146 o., 153.4, 154 o., 156 u.: Dagmar Schwelle, visitBerlin; S. 7: canadastock, Shutterstock; S. 8, 120.3, 124: Michael Horchler; S. 12: Carolin Hardt; S. 13 o. r., 25 o., 25.5, 25.6, 29, 30: Seenland Oder-Spree; S. 13 u. l., 48.3, 51 u.: Marek Sliwecki, Wikimedia; S. 16/17: Noppasin Wongchum, Shutterstock; S. 17 m.: Alp Aksoy, Shutterstock; S. 24.2, 27 o. r.: Kvikk, Wikimedia; S. 28 u.: Sahara Frost, Shutterstock; S. 32.3, 36 u.: Kirschgrün, Wikimedia; S. 33 o., 33.6., 144.1, 145 o., 176.2, 179 o.: Wolfgang Scholvien, visitBerlin; S. 33.4: Rainer Halama, Wikimedia; S. 33.5, S. 34 o., 37 o.: Mo Wüstenhagen, visitBerlin; S. 35 u., 40.4, 44 o., 56.2, 57.6, 58 o., 62, 113.4, 116 u., 144.3, 147 u.: Fridolin Freudenfett, Wikimedia; S. 40.1: Tilman2007, Wikimedia; S.40.6, 46: Clemensfranz, Wikimedia; S. 48.1., 50 u.: Niels-Elgaard Larsen, Wikimedia; S. 49 o.: Lukas Beck, Wikimedia; S. 56.1, 58 u., 89.5, 92 u., 125: Assenmacher, Wikimedia; S. 64.2, 65 o., 65.6, 70, 73 o.: Andre Stiebitz, PMSG; S. 65.4, 105.4, 106: A. Savin, Wikimedia; S. 65.5, 69: Mufflon14480, Wikimedia; S. 68 o.: TMB Tourismus Marketing Brandenburg GmbH; S. 72.4, 76 u.: Reinhardt Sommer, SPSG; S. 73.5, 77: Glamourqueen, Wikimedia; S. 73.7: Flocci Nivis, Wikimedia; S. 74 o.: Leo Seidel, SPSG; S. 76 o.: ArildV, Wikimedia; S. 78: Mike Mareen, Shutterstock; S. 80.2, 83 o.: JoachimKohler-HB, Wikimedia; S. 81.5, 85: Hans Bach, SPSG; S. 88.1, 90 u., 153.6, 158: Lienhard Schulz, Wikimedia; S. 89.4, 92 o.: Times, Wikimedia; S. 89.6: Axel Mauruszat, Wikimedia; S. 91 o.: Manfred Brückels, Wikimedia; S. 93, 97 o.: Thomas Kierok, visitBerlin; S. 96.1: Dept, visitBerlin; S. 96.2, 99 u., 112.1, 114 u.: Corinna Urbach; S. 96.3, 100 u.: Michael Kirsten; S. 98 o., 102, 142, 150, 153 o., 161.5: Philip Koschel, visitBerlin; S. 104.2, 107 u.: Lotse, Wikimedia;

Sind Sie mit diesem Titel zufrieden? Dann würden wir uns über Ihre Weiterempfehlung freuen. Erzählen Sie es im Freundeskreis, berichten Sie Ihrem Buchhändler, oder bewerten Sie bei Onlinekauf. Und wenn Sie Kritik, Korrekturen, Aktualisierungen haben, freuen wir uns über Ihre Nachricht an Bruckmann Verlag, Postfach 40 02 09, D-80702 München oder per E-Mail an lektorat@verlagshaus.de.

S. 105 o.: Marcus Cyron, Wikimedia; S. 106 o.: Gunnar Klack, Wikimedia; S. 107 o.: Bezirksamt Marzahn-Hellersdorf; S. 113.5, 113.6, 114 o., 117: Bezirksamt Steglitz-Zehlendorf; S. 118: Sybille Reuter, Shutterstock; S. 120.1, 122 o.: Jean-Pierre Dalbéra, Wikimedia; S. 120.2, 123 o.: Biberbaer, Wikimedia; S. 121.4: photofriend, Shutterstock; S. 121.5: edchechine, Shutterstock; S. 121.6, 126: Erdmann99, Wikimedia; S. 122 u., 123 u.: Tourist-Information Werder (Havel); S. 129.8, 134: Chris Martin, visitBerlin; S. 136.1, 138 u.: Tierpark Berlin; S. 136.3: Naturschutz Berlin-Malchow; S. 137 o.: Der Vomwatt, Wikimedia; S. 137.4, 140 o.: Luana113, Wikimedia; S. 137.5: Z-Thomas, Wikimedia; S. 137.6, 138 o., 141: Funke, Wikimedia; S. 140 u. Albert Beukhof, Shutterstock; S. 144.2, 147 o.: Franklin Heijnen, Wikimedia; S. 145.4, 148 u.: Bernd Schönberger; S. 145.5, 149: Stadtmuseum; S. 152.1, 155 u.: Georg Slickers, Wikimedia; S. 152.3: Babewyn, Wikimedia; S. 154 u.: Uli Herrmann, Wikimedia; S. 160.2, 163 o.: Staffan Cederborg, Wikimedia; S. 160.3, 163 u.: Schlaier, Wikimedia; S. 160.4, 164: Stiftung Topographie des Terrors / Bildwerk Berlin; S. 161.6/162: Karl Oblique, Wikimedia; S. 165: Sylvia Matzkowiak, visitBerlin; S. 168.1: solomonphotos, Shutterstock; S. 168.3, 172 o. und u.: Sebastian Wallroth, Wikimedia; S. 169.4: Robert Kneschke, Shutterstock; S. 169.5, 173: Strandbad Lübars; S. 171 u.: Günter Haase, Wikimedia; S. 177.5, 181: DimiTalen, Wikimedia; S. 177.6, 182: DavideGorla, Wikimedia; S. 187: Sebaso, Wikimedia
Illustrationen, Shutterstock: S. 14/15: GooseFrol; S. 14/15 (Karte): TALVA; S. 16: LuTer999; S. 19: GM Vector; S. 21 (Werkzeug): Burunduk's; S. 21 (Fahrrad): Erdinc Altun; S. 21 (Rad): Lakuku Vector; S. 187: Lakuku Vector; S. 189 (Handy): Bettermind Graphic; S. 189 (Kompass): Simple Line; **passim:** Bereg55, Eva_art, Kaspars Grinvalds, Olga Rai, Simple Line, Volonoff, zagoryan.
Rezept S. 18/19 (Text und Bild): Pauline Joos

Umschlagvorderseite: Brandenburger Tor; Adobe Stock, Denis Feldmann
Umschlagruckseite: Tempelhofer Feld; Dagmar Schwelle, visit Berlin

Die Deutsche Nationalbibliothek verzeichnet diese Publikation in der Deutschen Nationalbibliografie; detaillierte bibliografische Daten sind im Internet über http://dnb.d-nb.de abrufbar.

ISBN 978-3-7343-1859-7